思维澄清课堂

——临清市烟店镇中学差异化教学探索

孙隆◎编著

团结出版社
UNITY PRESS

图书在版编目（CIP）数据

思维澄清课堂：临清市烟店镇中学差异化教学探索 / 孙隆编著 . -- 北京 ：团结出版社，2024.5

　ISBN 978-7-5234-0954-1

　Ⅰ．①思… Ⅱ．①孙… Ⅲ．①课堂教学－教学研究－中学 Ⅳ．① G632.421

中国国家版本馆 CIP 数据核字（2024）第 089380 号

出　版：团结出版社
　　　　（北京市东城区东皇城根南街 84 号　邮编：100006）
电　话：（010）65228880　65244790　（出版社）
网　址：http://www.tjpress.com
E-mail：zb65244790@vip.163.com
经　销：全国新华书店
印　装：武汉鑫佳捷印务有限公司
开　本：170mm×240mm　　16 开
印　张：13.25
字　数：207 千字
版　次：2024 年 5 月　第 1 版
印　次：2024 年 5 月　第 1 次印刷
书　号：978-7-5234-0954-1
定　价：88.00 元

2022 年度山东省基础教育教学改革项目资助

"乡镇初中'一体两翼'差异化教学体系研究"（78 号）

序

于源溟

地处冀鲁交界处的山东省西部边陲乡镇烟店镇，承改革开放东风大力发展轴承产业，被誉为中国轴承之乡。其产业经济蓬勃发展的同时形成浓郁的重商文化，整个乡镇人人造轴承、家家卖轴承。在这种氛围中，烟店镇中学经历了一段寂寥的发展期。

积重难返则意味着推倒重建。2019年4月，临清市教育和体育局经过慎重考虑任命孙隆同志任烟店镇中学校长，组建了新一届校级领导班子。面对学校寥落的发展状况，他带领全校进行解放思想大讨论。经过大讨论，统一了思想，凝聚了人心，提出了"无私奉献、顾全大局、追求卓越、不负烟店"的办学精神，明确了"三年成区域乡镇名校，六年成县级乡镇名校，九年成乡镇领雁学校"的办学目标。

从整顿教学秩序开始，不断优化学校管理，进行了管理扁平化、管理精致化和管理数据化探索。经过两年时间，烟店镇中学形成了学校的精细化管理系统，面貌焕然一新。在临清市教育和体育局组织的各类评比中，学校摆脱了后三名魔咒，孙隆校长也完成了局党委任命谈话时提出的基本要求。

管理为学校发展提供了基本保障，但学校真正意义的发展，还是需要体现在教育的高质量上，而高质量的课堂教学则是高质量教育的根本保证。烟店镇中学采用走出去、请进来的策略，学习先进的教育教学经验，引进外部智力，从剖析总结优秀教师课堂经验出发，建构起了自己的差异化教学体系并命名为"思维澄清课堂"。

思维澄清课堂是一种视学生差异为教学资源、综合运用多种思维加工技术澄清学生思维，使优者更优、差者变优的高效课堂教学模式。它是以2022年度山东省基础教育教学改革项目《乡镇初中"一体两翼"差异化教学体系研究》为基础，通过深入探索而形成的一种高效差异化课堂教学模式。

其基本理念为：第一，学生差异即教学资源。乡镇初中学生两极分化是常态，如何对待这种差异，关乎教师的课堂教学行为。思维澄清课堂认为学生的差异化存在，构成了乡镇初中多样化的课堂教学生态，为诸如教授他人、实践、讨论等主动学习方式的运用提供了空间。第二，思维澄清即高效学习。死记硬背的教学，只能使学生越来越笨，思维澄清的教学则会让学生越来聪明。通过各种思维加工策略的运用，学生在清晰理解知识的基础上，训练了自己的思维能力，从而进行高效的学习。

思维澄清课堂建构的指导思想可以概括为：低重心、小步子、慢推进、多互助、勤反思、步步清。"低重心"要求教师在选择教学内容时，要保证80%的学生基本能够学会，课堂教学知识的选择要注重基础性。"小步子"有两层含义，一是与低重心相联系，知识的学习要尽量减少坡度和难度；二是指知识选择以前80%学生能够学会为标准，一步一步把80%的学生教会。"慢推进"是指每个知识点、每个知识点中的每一小步、整个的教学进度都以学生掌握为标准，不为赶进度而加快教学推进速度，宁愿不复习也要让学生掌握新知。"多互助"是指要充分发挥"同心互助"的功能，发挥兵教兵的作用，结对互助、共同成长。为便于教学实操，基于学情把初中生分为优秀、良好和一般三种类型，优秀者为大师傅，良好者为二师傅，一般者为徒弟，师傅与徒弟组成同心互助小组，相互帮助互教互学。"勤反思"是通过元认知策略的引入，养成学生反思的习惯，达成深度学习和高效学习。"步步清"是对教学流程中每一步的要求，要求教学流程中的每一步都要使80%的学生学会本步的全部内容。

思维澄清课堂创造性地提出了自己的三大核心技术，即大脑知识激活技术、思维澄清技术、同心互助技术。大脑知识激活技术主要用于新知探究之前的准备阶段，文科类叫循环大听写，理科类叫知识前探。思维澄清技术包括语言对思维的加工技术、师生共同表征知识技术、自我监控技术、学习反思技术等。同心互助技术是合作学习的一种方式，利用二人小组，师徒结对互帮互学，使优者更优、差者变优。

基于学情和自己的基本理念，比照多种成功课堂教学步骤，思维澄清课堂提出了"五段N步四助三反"的教学流程。"五段"指知识激活与保持——新知探究与理解——典型例题精讲——变式练习——总结反思。"N"步指各门课程可以根据本学科特点探索出自己的教学步骤。"四助"是指在知识激活与保持、典型例题精讲、变式练习和总结反思四段中，要充分行发挥小师傅的作用，实现"同心互助"。"三反"指在典型例题精讲、变式练习、总结反思三步中要进行反思活动。"五四三"既是实指，也是虚指。说是实指，是指这些数字是教学流程的基本要求，要努力向这些数字靠拢；说是虚指，是指在具体的教学设计及各科各类教学模式中，可根据具体情况有所增减。经过近三年的探索，九大学科分别建构了新授课、复习课、讲评课三大教学模式。

三年的实践，证明了思维澄清课堂的科学性和有效性。以思维澄清课堂基本架构为基础申请的《乡镇初中"一体两翼"差异化教学体系研究》项目，获2022年山东省基础教育教学改革项目立项。学校应邀参加《中国教师报》举办的课程博览会并出示展示课。学校举办市级教学现场会1次，县级教学现场会2次。在临清市教育和体育局组织的学校综合评估中，学校在乡镇公立学校的排名由2021年的第16名（倒数第二）上升到2023年的第7名。

烟店镇中学思维澄清课堂的探索是成功的，为突破乡镇初中教学质量瓶颈、防止学生两极分化，找到了一条差异化教学的可行路径。其基本经验可概括为：利用复利思维、课堂教学模式本土生成、探索思维教学和拥抱差异化教学。

利用复利思维。其本质是："做事情A，会导致结果B；而结果B，又会反过来加强A，不断循环"[1]。复利思维表达的是客观存在的复利效应，"浮萍覆盖池塘"这一隐喻能够很好地说明什么是复利效应。

复利效应中，早期的增长很缓慢，但是它有一个临界点，一旦事情迈过这个临界点，就会向前飞速发展。《道德经》所说一生二，二生三，三生万物，"三"就是临界点，临界点过后就是爆炸式增长。面对复利效应，常人最容易犯下的错误就是急功近利，坚持不了长久，等不到复利效应的出现。烟店

1.徐金华：《疫情下的启示：语文教学呼唤复利思维》，《福建教育学院学报》，2020年第3期，第9页。

镇中学的学校改进，相信相信的力量，坚持持久的进步，充分利用了复利效应。

从 2008 年至 2018 年，烟店镇中学寂寥了十年，但应用了复利思维之后，从 2019 年到 2024 年五年时间，就获得省级教学改革项目立项、召开了市级教学现场会。那么复利思维是如何让烟店镇中学慢慢复苏直到繁荣的呢？2019 年，作为烟店镇中学校长的孙隆同志，采用了与一般校长不同的全新战略，追求每一件小事极其细微的进步。他把学校管理的整个系统分解开来，把每个分解出的部分进行切实的小改进，每个改进的部分汇集起来，整个学校系统就发生了显著的变化。前两年，他通过解放思想大讨论，聚集了人气，明确了办学愿景和办学目标，使教师看到了希望；改进了学校管理体系，建立了五大中心，实行年级负责制，使人、事、时三者得到真正落实，提高了学校的执行力；狠抓招生，提高了新生质量，使教师看到了提高成绩的可能；阳光大课间训练学生跑操的整齐度，提高学生的规则意识和精神气；狠抓教学秩序，学校变得正规化起来。进入第三年后，学校制定了四种常规，使教职员工的行为都有所依据；他们剖析优秀教师课堂，提出了"知识前探"和"循环大听写"技术，解决了知识记不住的问题；他们利用语言加工思维策略、师生共同表征知识策略，形成了思维澄清技术；他们千挑万选，引进了二人制合作学习小组，形成同心互助技术，解决了后 50% 学生学无所获的问题。他们发现什么问题，就采取适当的策略加以可能的改变，随着近 50 项小改进的不断积累，2022 年中考彻底摆脱了后三名的窘境。烟店镇中学每次进步一点点，每次进步都会带来复利，两年后就超过了临界点。后三年继续改进，学校取得了意想不到的成绩，获得了多项以前想都不敢想的荣誉。

烟店镇中学的成功说明，不要轻易放弃，相信相信的力量，哪怕每天进步一点点，三五年之后，学校就会处于同类学校的前列。

课堂教学模式本土生成。课堂教学改革正式启动之前，烟店镇中学教学改革委员会研究了 30 多个教学改革案例，寻找教学改革失败与成功的规律。通过研究失败的教学改革案例发现，那些失败的教学改革往往遵循两种路径：一是引进，二是落实。所谓引进就是把成功的教学模式生搬硬套到自己的学校，结果水土不服，最终归于失败。所谓落实就是国家出台了什么新文件，提出了什么新要求，学校则紧跟形势，结果因为没有领会消化新要求的精神，最后不了了之。通过研究成功的案例发现，那些成功的案例一般都采用基于学情、校情而本土生成策略。在充分研究失败和成功的教学改革案例后，烟店镇中学确立了自己的课堂改革策略：校长推动、专家引领、本土生成。并且确定本土生成的切入点为剖析优秀教师课堂，从对优秀教师课堂的剖析中总结教学规律、寻找适合的教学方法、概括教学流程，建立教学模式。

为什么要从剖析优秀教师的课堂教学艺术切入课堂教学改革呢？十一届三中全会后，我国诸多的改革开放政策都来源于人民群众的首创精神。群众的创造力是无限的，教师们的创造力也是无限的。任何学校都有优秀教师，城里优质学校名师云集，基础薄弱的烟店镇中学同样也有优秀的教师。通过剖析本校优秀教师课堂切入教学改革有几点好处：第一，对被剖析教师是一种激励，凡是被剖析过的课堂被都定义为优秀教师的课堂，这就形成了贴标签效应，被剖析课堂的教师会认真备课，吸收先进的经验，努力使自己的课堂经得起剖析；第二，对其他教师也是一种激励。看到同事的课堂被当作优秀教师课堂进行了解析，他们同样会努力改善教学艺术，争取机会使自己的课堂被剖析；第三，总结出的规律具有天然的本土适应性。通过剖析本校优秀教师课堂总结的规律，适合本校学情，适应本校教学条件，便于其他教师学习。

烟店镇中学的思维澄清课堂是在专家的引领下,利用周三的"半天无课日",边听课、边剖析、边引进新理论、边建构新模式，通过对 40 多节课反复剖析、不断实验总结、建构解构交替往复的过程中而形成的。

探索思维教学。知识教学是课堂教学的题中之义。"知识既是教学目标，也是促进学生成长的手段。教学应在传递知识的同时，培育和发展学生智慧、能力、健康人格、道德品性以及正确的人生观和价值观等。"[2]

传统的知识传递式教学，既不能高效地传递知识，也不能充分发挥知识的育人功能。课堂教学要在传递知识的同时充分发挥育人功能，就必须从教

---

2. 卜玉华：《我国课堂教学改革的现实基础、困局与突破路径》，《教育研究》2016 年第 3 期，第 112 页。

师的单向传递转型为对话生成。这种转型是困难的，并不是靠请几位专家讲一讲，阅读几篇文献就能完成的。教师们对各种新理念并不会照单全收，而是会用自己的经验进行过滤，并根据学情进行选择。我们常常批评教师教育理念落后、顽固不化、上课一讲到底，其实他们内心也知道，课堂上只有对话才能以知化智、以知成德，但为什么他们还会一讲到底呢？根本原因还是来自课堂教学的实际挑战。如果按照某些新理念上课，那么教学设计所预定的课堂教学目标根本无法实现，要完成这些目标，最好的方式就是教师讲解，学生静听。"也就是说，经验常常暗示教师，如果他们采取知识传递教学，既可以保证有限时间内教学内容的顺利传递，也不必应对学生在课堂中可能出现的各种干扰状况，包括学生对教师的知识与能力的挑战，如此也可以保持教师自己的权威形象。"[3] 理念传递并不能改变教师的理念，真正的理念改变需要在行为中完成。

烟店镇中学的教学改革委员会认为，要真正实现知识学习的高效率并化知成智、化知成德，必须提升教学层次，提出教学必须要上升到思维教学层次，以思维教学为抓手，撬动学校课堂教学整体改革。

依据行为改变理念的原则，烟店镇中学从剖析优秀教师课堂入手，提升教师认知，改变教师教学行为。理想是美好的，现实却是残酷的。通过一段时间的听课评课，教学改革委员会发现，烟店镇中学的优秀教师与一般教师的教学模式基本相同，即知识讲解＋典型题讲解＋课堂练习。一节课完毕，评估学生掌握率时，理科教师一般会认为学生能掌握 50% 以上，文科教师则认为学生能掌握 70% 以上。教学改革委员会立即用课堂讲解的典型原题进行测验，结果理科学生掌握率通常不到 30%，文科的学生掌握率不足 50%。课堂当堂测验的不良成绩对被剖析的优秀教师产生了强烈的震撼，也动摇了他们固有的错误观念，从而产生了改变的动机。知道不足只是改变的第一步，要持续改进则必须获取方法和策略。教学改革委员会针对数学学科的例题讲解，引进了语言加工思维技术、师生共同表征知识技术、元认知技术和学习自我

---

3. 卜玉华：《我国课堂教学改革的现实基础、困局与突破路径》，《教育研究》2016 年第 3 期，第 112 页。

监控技术等，形成了思维澄清课堂的例题讲解流程。新流程实施后，数学学科优秀教师当堂例题重测的正确率提升到70%以上，教师对思维教学也从认识提升到认同。数学科思维澄清课堂新授课教学模式的成功极大地激励了全校教师，这种以提升学生思维品质和思维能力为旨归的课堂教学新模式以较快的速度在全校推广，烟店镇中学的教学质量也一步一个台阶地向上攀爬。

拥抱差异化教学。就像世界上没有两片相同的叶子一样，世界上也未曾有过两个完全相同的个体，差异是学生之间一种普遍的存在。学生无论在价值追求、成就动机，还是在理解方式、理解速度、掌握方式、掌握程度等都存在非常大的差异。被民办学校和城里优质学校掐尖后，烟店镇中学学生间的差异从纺锤型变成了鸭梨型，学生两极分化严重。

如何对待这种差异，关乎课堂教学改革的方向。如果从负面来理解学生差异，我们就会把分化后的学生当作负担，当成必须抛弃的对象，采取的措施就会是教学重心提高、教学节奏加快、作业量加大，以保证班级前十名的学生升学成功。如果从正面来理解学生的差异，把差异当作教学资源，我们就会拥抱差异、利用差异，从而走出一条课堂教学改革的新路。

烟店镇中学以正面的态度面对差异，视学生之间的差异为教学资源。他们在既不能分快慢班也不能进行走班教学的情况下，"螺蛳壳里演大戏"。在自然班级里充分利用学生的差异化存在，根据学生成绩的优秀、良好和一般情况，在实际操作中让优秀者成为大师傅，让良好者成为二师傅，让一般者成为徒弟，师弟结成同心互助小组。这样，一个原本生源质量较差的40人班级，通过差异化的组织就变成了20个，实现了一对一的个别化教学。师傅通过辅导、管理徒弟，完成了从学生到教师的角色转变，采用了即知即用最有效的学习方式，提高了对知识的理解程度，掌握了学科思想和思维方式，提升认知能力，学会理解别人、帮助别人、管理别人，形成了沟通能力和合作能力，核心素养得到全面培养。徒弟得到与自己知识表征特点相近的师傅一对一的辅导，会进一步加深对知识的理解，"回讲"技术的引入，又使徒弟得到与师傅一样的通过教授别人进行学习的机会。小组之间，既有竞争又有合作，充分发挥了集体教学的优势。

在充分发挥同心互助小组作用的前提下，教师设置分层目标、分层变式练习、分层作业、分层评价，使每位学生都得到自己可能的发展，取得自己可能的成功。烟店镇中学的差异化教学探索，一方面，探索到充分利用了差异资源提高了本校教学质量的路径；另一方面，也为我国在自然班级中，既发挥集体教学优势，又满足学生个别化需求的差异化教学理论提供了案例。

思维澄清课堂从开始建构到现在，也只有短短三年的时间。"始生之物，其形必丑"，虽然它呈现出了蓬勃的生命力，但仍然存在诸多不足。可以说呈现在读者的面前的思维澄清课堂还只是个雏形，各种技术需要进一步完善，教学策略需要进一步丰盈。

"路漫漫其修远兮，吾将上下而求索。"我相信，烟店镇中学一定会在孙隆校长的带领下，深入挖掘，进一步开拓，为中国式的差异化教学探索做出进一步的贡献。

是为序。

于源溟

中国高等教育学会语文教育专业委员会副理事长

教育部"国培计划"入库专家

教育部师范认证专家

教育部教育专业学位学习指导委员会文科组成员

聊城大学教育科学学院原院长

2024 年 4 月

目 录

第一章　学校创新发展背景下的思维澄清课堂

乡镇学校的振兴之路，是一段从沉寂衰落到焕发新生的壮丽征程。曾经，受制于资源匮乏和理念滞后，烟店镇中学的发展步履维艰，难以与经济的发展并驾齐驱。随着教研教改的持续深入推进，创新型课堂教学的构建与实践，我校逐渐展现出勃勃生机。如今，不仅教学质量稳步提升，学生素质全面发展，更是在探索中形成了独具特色的教育教学模式，为乡村孩子的成长点亮了希望之光。这一切的成就，彰显了乡镇学校发展的无限可能，也昭示着乡村教育未来的美好前景。

第一节　经济的特区　教育的低地

乡镇初中教育的滞后与当地经济发展严重的不匹配，已成为制约乡镇整体进步的一大瓶颈。教育作为人才培养的摇篮，其水平直接影响到乡镇劳动力的素质和创新能力，进而影响着地方经济的竞争力和发展潜力。因此，学校需要明确目标，大刀阔斧地进行改革，提升教育水平，使之与当地经济发展相协调，共同推动乡镇的繁荣与进步。而改变教师们保守、落后的思想，就成了当务之急。

一、经济的特区

临清市烟店镇中学始建于 1958 年，坐落于烟店镇政府路西 400 米处，历史悠久，人文底蕴深厚。几十年来，为卫运河畔的居民提供了优质的教育资源。

烟店镇被誉为"中国轴承之乡""中国轴承贸易之都"。烟店镇的轴承市场是全国规模最大、品种最全、参与人员最多的轴承专业市场，年市场交易额超 300 亿元；临清轴承产业集聚区已成为全国五大轴承产业集聚区之一。2022 年全省乡镇排名第 12，是聊城市、临清市名副其实的经济强镇。被誉为"鲁西经济发展的特区"，发展势头强劲。

二、教育的低地

与之形成鲜明对比的是，作为远离市区的一所农村中学，烟店镇中学在进入 21 世纪后，虽也有了一定的发展、进步，但却与其所处的地域经济发展出现了严重的不协调、不平衡。几年前，学校所面临的形势非常严峻：1000多学生，只有不到 60 名教师，师资严重不足；小学毕业生外出就读成风，烟店镇小学毕业生 1000 多人，最后到烟店镇中学报到入学的不足 400 人，且绝大多数底子薄，基础差（2017 级学生入学测试数学成绩平均不到 15 分）。学校总体成绩在全市教育系统考核中常年不是垫底，就是在垫底的边缘。正因为如此，在相当一段时间内，这里被同行戏称为"临清初中教育的贫困区"。在校教师们大多看不到进步的希望，没有成就感，缺乏向上、向前的动力。全校上下如一潭静水，没有丝毫波澜。老教师很多想着得过且过，新教师大多人心思变，学生们学习动力不足。如果任由如此发展下去，教师会越来越没有获得感，学生流失会越来越严重，学生家长会对学校越来越不信任，社会对学校的评价会越来越低，总体成绩也将越来越差。往小了说，耽误烟店镇孩子们的学习成长；往大了说，也将会严重拖整个临清市教育的后腿；再往远了看，文化不兴，也将会对烟店镇的经济发展的灵活性、前瞻性、可持续性造成严重的掣肘。

三、解放思想大讨论

值得幸运的是，烟店镇中学局面在 2019 年迎来了转机。2019 年 4 月 15日，上级任命我担任烟店镇中学党支部书记、校长。来到学校后，我首先考察了学校的环境设施与全校师生的工作、学习状态：破旧的餐厅、泥泞的土路、老旧的操场、得过且过的教师、漫无目的的学生……怎么办？是继续躺平，无所事事，还是披荆斩棘，奋起直追？作为一名有理想、有抱负的年轻领导，我意识到，一场彻底的变革势在必行。

我带领校委会一班人通过数次调查和研究，逐步统一了思想，坚定了信念：如果不作改变，得过且过，学校将会变得一塌糊涂，前途黯淡无光，对上辜负领导的信任，对下辜负家长的重托，中间对不起自己的教育初心。大刀阔斧进行整顿改革，虽然会遇到这样或那样的困难和阻力，但却是提高学生综合素质，提升教师教育教学水平，获得家长和社会认可的唯一途径。袁枚说："苔花如米小，也学牡丹开"，花犹如此，何况是人？学校要发展、教师要提高、学生要进步、领导要成效，就必须脱离舒适区，树立信心，不畏艰辛，大胆地往前走。

观念决定命运，创新引领未来。改革首先是思想观念的转变。在统一了校委会一班人思想后，学校在 2019 年、2020 年，先后进行了两次，每次为期一个半月的全校教师解放思想大讨论活动。针对学校面临的各种问题，鼓励全体教师积极建言献策，将活动同学校实际联系起来，要把自己摆进去，把问题找出来，将措施想出来，一切为了学校发展、一切为了学生进步、一切为了教师专业成长，真正做到思想解放、意识创新。全校教师热情高涨，讨论积极。有的当面给校领导提建议，有的书面献言，有的微信发消息……通过大讨论，学校共收到教师提出的各方面问题及建议七十多人次，240 多条，涉及教育教学、上课辅导、课外活动、校园美化、卫生宿舍等。现择其要者摘录于其下：

牛老师：

1. 优化育人环境，建议解决下雨道路积水现象；

2. 为解决放学拥堵现象，建议每年级间隔 1-3 分钟；

3. 为改善学校环境，建议整理花坛，绿化环境；

4. 为建立规范的校区，建议搭建学生车棚，教师车棚；

5. 对学生严格管理，对化妆、带手机现象，发现应及时处理。

张老师：

1. 教师职责应该更加分明，加强每位教师的责任感，班级管理、学生管理应该是以班主任为主，每位教师都参与管理；

2. 有的教师随意调课，不按时坐班，我认为应该制定相应的管理制度；

3. 加强门卫管理，禁止不相关的人员进入学校。

孙老师：

1. 学生吃零食现象严重，五毛零食如辣条等垃圾食品，不卫生且存在安全隐患，食品垃圾袋乱扔也给校园卫生的打扫增加了难度，建议继续加强监管力度；

2. 食堂部分饭菜口味较差，比如清炒绿豆芽、炒洋葱等，很多学生都不吃，整碗剩下，造成巨大浪费，对于很明显多数人都不吃的一些饭菜建议撤换或改善；

3. 我校部分学困生吸烟现象严重，男厕所里有不少烟头，建议加大校园巡查力度；

4. 学生带手机、上课说话捣乱的现象时有发生。单纯的说服教育不管用，而教师惩戒的权限又很小。建议学校从政教层面专门管理处置那些扰乱课堂不服管教的差生；

5. 对于有住宿需求、有午休需求的教师，是否学校在能力范围内尽量满足；

6. 从长远来看，学校缺少存放车辆、遮风挡雨的车棚。

燕老师：

1. 古语说，一屋不扫何以扫天下。要解放思想，实现梦想，应先从小事抓起，如学生上早读，每个班经常会有迟到的，应该结合政教处和班主任抓一抓。

2. 上课时经常会有学生在课堂上趁教师不注意吃零食。影响自己和其他同学学习。应该管一管。主要是下课以后很多学生都争先恐后奔向大门口，隔着铁门买零食。然后边往回走边吃，课下吃不完就留到课上吃。既影响学习，也影响卫生。

3. 放学后有同学校园内骑电车横冲直撞。出校门后也不遵守交通规则，到处乱窜。非常危险，上周末三个女生在校门前贵和嘉苑大路上乱骑电车竟撞到了路灯杆上，幸好没出大事，所以也应加强这方面的教育和管理。上有校领导的正确决策，下有师生共同努力，会使咱们中学发展的越来越好。

李老师：政教管理是教师和班主任的坚强后盾，学生违纪送到政教处，建议政教处与家长对接，严肃处理，不能罚抄几遍守则，或者再交回班主任就完事。管理严格的班一般违纪现象也不会送到政教处，管理不严的班再交回班主任，和没处理一样，就相当于把球又踢回给了任课教师，这样学生就形成没人管我的心理，没人管得了我的心理，上课的时候就更加放肆，造成恶性循环。

王老师：

1. 首先还要进一步加强学生的管理，从纪律到学习，我们通过严格管理让他们形成正确的价值观、人生观，有规矩，会感恩，敬畏正义。现在存在的一些不好的现象，比如预备铃或上课铃已经响了，有些学生还在慢悠悠在校园晃悠，不着忙往教室跑。比如课间买零食，随吃随扔垃圾。比如有化妆，带手机，课堂不遵守纪律的，不服教师管教。希望我们的政教处发挥出作用，给教师撑腰，上下一致、齐心协力纠正学生做得不对的地方，而不是教师管理了学生，学生不服，一句"责任自负"搪塞过去。形成好的学风校风，对提高他们的成绩也有好处。我就在想，为什么有的学校管理很严格，学生家长还想尽办法往里送孩子，其实家长也想让孩子有规矩，品行端正，思想都集中在学习上。所以我们应加强对学生们的管理，发现问题及时处理，先从规范他们的行为做起。

2. 建议如果有教师外出学习，尤其是信息技术方面，涉及课件制作，微课制作这种技术层面的，希望集合教师们一起学习，这样可以资源最大化利用。

徐老师：

1. 校园里就一个自来水管龙头，师生用水困难，希望学校能予以解决；

2. 教师上课随意性较强，有的老教师全凭经验，有的新教师照搬视频，效率不高，希望学校能在教学教研方面做出要求；

3. 学生上课睡觉的较多，喊不起来，学校要想想办法。

郑老师：

1. 下课后，学生三个一群、五个一伙，勾肩搭背、交头接耳、打打闹闹，影响秩序，存在安全隐患；

2. 学生课外活动很少、身体长期得不到充分锻炼，抵抗力弱，很容易生病，需要给学生更多活动锻炼的时间；

3. 改革要先易后难，既不能急于求成，更不能裹足不前。先易后难容易出成果，树立师生信心；急于求成根基不稳，裹足不前容易半途而废。

············

四、教师教育热情被激活

针对这些意见和建议，学校通过连续召开中层会议和全体教职工大会进行讨论、整理、归纳，形成统一认识。据此再通过召开学科主任和备课组长会议，传达教研教改的意义、具体措施、活动制度、考核方案等，再以学科组为单位传达学习会议精神。

通过大讨论，全体教师解放了思想，提高了认识。打破了因循守旧、不思进取、故步自封、心浮气躁、不愿合作的旧思想。"校兴我荣，校衰我耻"的观念深入人心。忧患意识、机遇意识、发展意识、交流合作意识明显增强；勤奋敬业、刻苦钻研、勇于创新、精益求精、无私奉献的精神状态明显振作。教师们新的精神风貌和新的精神状态，为学校教研教改做好了心理上的准备，奠定了良好的思想基础。

通过大讨论，学校从领导到教师明确确立了"建设幸福学校、打造优质初中、创办区域名校"的办学目标；"为学生的一生幸福奠基"的办学宗旨；质量树校、特色立校、科研兴校、文化立身的办学理念；立足实际求规范，一心一意谋发展，努力探索适合农村学校深化教育的探索之路。

第二节　精细管理 以细节完善撬动学校发展

"天下大事，必做于细"，这不仅是古人的智慧箴言，更是现代学校管理的核心理念。学校作为培养未来人才的摇篮，其精细管理对于提升教育质量、促进学生全面发展具有举足轻重的意义。在精细化管理的指导下，学校关注每一个细节，从教师规范、学生关怀、班级管理、校园环境，都力求精益求精。通过精细化管理，我们能够确保每一项工作都落到实处，每一位学生都得到关爱，让学校成为孩子们成长道路上的坚实后盾。

一、创新管理模式

好的开始是成功的一半。改革的第一步往往是最难的。找准方向，找到抓手，是迈出教改的关键。方向至关重要，方向对，事半功倍；方向错，事倍功半。我带领校委会一班人，从师生到家长，从校内到校外，通过考察、座谈、调研、分析，我们敏锐地发现，要想使烟店镇中学教育有质的改变，必须将乡镇教育发展与乡村振兴、经济发展紧密联系起来，因为二者是相辅相成、互相促进的。

烟店作为轴承制造小镇，享有"轴承之乡""中国轴承之都"之美称。轴承，是在机械传动过程中减少载荷摩擦系数，促使机械正常运转的一种零部件。虽然它普普通通，它所处的位置却举足轻重，少了它，机械不能正常运转，摩擦将不受控制。轴承本身对精密度要求非常高，多一丝则松，少一丝则紧。严丝合缝，丝毫不差，才能精准地安装在机械上，保证机械正常、平稳、流畅运转。

如何使学校工作向更高层次发展，使之适应全面素质教育的需要，培养21世纪的高质量建设者和接班人。轴承精密、精准的特点，对学校各项工作的开展有着良好的启示。借鉴轴承特点，密切联系乡镇特色，孙校长提出了"三精"教育的理念，即：精细管理，精准教学，精心育人。

精细管理指精密、细致的管理，即用精心的态度实施细致的管理过程，以获取精品的结果。精细管理就是落实管理责任，变一人操心为大家操心，将管理责任具体化、明确化，人人都管理，处处有管理，事事见管理。工作要日清日结，每天都要对当天的情况进行登记检查，发现问题及时纠正、及时处理。管理过程中，权力层层有，任务个个担，责任人人负。精心是态度，精细是过程，精品是成绩。精细管理在教育中是"用心工作，精心育人，真心服务"的教育思想在管理中的具体体现，其目的就是把大家平时看似简单、很容易的事情用心、精心做好。

没创新，就没有发展。学校从 2019 年下半年开始，探索实行了五大中心统筹（教学管理中心负责教学；教师发展中心负责教研；学生管理中心负责政教；学生发展中心负责德育；学校发展中心负责后勤），各级部主管、副校长分包级部的管理体系。实行四年多以来，效果显著。基本做到了责任到人，人人有事做，事事有人管，即分工明确，又协调合作，充分调动了学校中层和教师们的工作积极性，增强了学校核心竞争力，为教师提供了个性化发展机会，培养学生了创新精神和实践能力，适应了当前教育发展的大趋势。

二、落实精细化常规管理

（一）制定落实各项常规

学校制定落实《班主任一日常规》《值班干部一日常规》，使班主任和值班干部在工作中既能够发挥其积极性、主动性，又有据可依，有章可循。学校制定落实《学生一日常规》，对学生入校、晨读、上课、自习、课间、两操、书桌整理、值日、就餐、就寝等方面都做出规范要求。例如：学生入校衣着规范，仪容仪表得体，不带零食；早读前打扫完教室和卫生区卫生；早读时大声朗读背诵；上课时，桌面上除了本节课所需的课本、练习册、练习本外，不得将其他不相关书籍摆在上面；上完课后，课桌上物品要及时收起来，下一节课前2分钟，提前将应准备的课本等物品摆放整齐；校园内要走直线等。学校制定落实《教师一日常规》。实行教师课前2分钟候课制；对教师的备课、上课、学生作业布置及批改、辅导、反馈等环节都制定相关要求。学校定期检查和不定期抽查相结合，促使教师高起点、从严要求提高自己；要求教师切实指导学生做好课堂笔记和错题档案的整理。

（二）定期召开班主任论坛

班主任是学校班级管理的中坚力量，是具体工作的执行者。班主任队伍的战斗力和执行力，直接影响学校整体工作的开展进度和落实效果。学校每月定期召开班主任论坛，挑选在学生管理、家校沟通、活动组织、心理辅导方面表现突出的2～3名优秀班主任上台发言，分享经验，交流心得。班主任论坛为班主任提供了一个分享、交流、学习的平台，这种无私分享自己的班级管理经验，从而实现经验共享，有助于班主任队伍专业素养和管理能力的提升，班主任可以感受到自己的价值和重要性，从而增强职业认同感和工作热情。班主任论坛的举行，有助于推动学校教育教学工作的健康发展，从而为学生的健康、快乐成长提供更好的保障。

（三）建立科学考核机制

学校实行精细管理，各中心每天对各班的课堂、纪律、卫生、跑操、着装、就餐等方面都有量化。当天带班的校级干部进行汇总后，及时反馈给各年级，各年级所有班级的平均量化分即为年级量化分，每周汇总，每月排名量化，作为班主任费分档的主要依据。年级捆绑考核，排名第一的年级，所有班主任都定为一档；排名第二的年级，所有班主任都定为二档；排名第三的年级，所有班主任都定为三档。捆绑考核增加了班主任的凝聚力，形成了管理合力，收到了良好效果。

（四）效果显著

1. 提高了工作效率：精细管理能够将各项工作细化到具体的流程和步骤，使每一项工作都能够得到有效的执行和落实，学校发生的每件事都能第一时间找到责任人，从而大大提高工作效率。同时，精细管理还能够减少工作中的疏漏和错误，提高工作质量，避免事故发生。

2. 促进团队协作：精细管理强调团队合作和协同工作，促进了学校各部门之间的沟通和协作，形成更加紧密的团队关系。这不仅可以提高工作效率，还能够增强团队的凝聚力和向心力。现在，一支团结协作、富有创新精神的领导集体，正引领着充满朝气与活力的教师团队阔步向前。

3. 提高管理水平：精细管理要求管理者具备更加精细化的管理思维和方法，从而提高了管理者的管理水平和能力。这不仅提升了学校的整体管理水平，还为学校的未来发展提供更加有力的支持。

4. 精细管理展现出学校的专业性和规范性，提升了学校的形象和声誉。无论是领导视察，同行参观考察，还是家长入校参加活动，对师生课堂、课间、上操、就餐等时间段所表现出来的规范性、纪律性大加赞扬，加深了他们对学校的认识和认可。

第三节　精准教学 建构适合的课堂

精准教学是教师根据各学科课程标准、学科素养要求和学生发展的实际情况，遵循教学和学生成长规律，聚焦课堂教学价值，准确把握教学目标和教学内容，构建科学教学结构，细化教学流程，追求课堂教学知识与技能、思维与习惯、内容与形式、目标与结果的高度吻合，实现预期教学目标和完美教学结果的活动过程。能够最大限度地促进学生在学习上有真正意义的收获和进步。

一、学科主任年轻化

为达到精准教学的目标，学校积极开展教研教改活动，一方面抓教师能力提升，一方面抓学生学习效率提高。具体做法如下：

为改变学校教研组长人选论资排辈、年龄偏大、精力不足、动力缺失、积极性不高的状况，全面加强学校骨干教师队伍建设，充分发挥学科带头人在教育教学改革中的示范作用，不断提高教师队伍的整体素质，学校大胆改革，把原来那些年龄大、精力跟不上的教研组长，换成了年轻有为、善于钻研、敢于创新的青年教师担任学科主任。

学校将教研组长改称学科主任，不仅是表面上一个词的变化，更可以提高其在学校中的地位和权威性。这种称呼的改变可以使得学科主任在学校内部具有更高的认可度，从而有利于其更好地发挥学科带头作用。

教研组长改称学科主任，更加明确地界定其职责和任务。作为学科主任，不仅需要负责组织和协调本学科的教研活动，还需要关注学科建设和教师发展等工作，从而更好地推动学科的发展。

教研组长改称学科主任，可以促进教师团队的建设。作为学科主任，需要积极引领和带动本学科的教师团队，共同研究和探讨教学中的问题，形成良好的教研氛围和团队合作精神。

学校现在选聘的九名学科主任，平均年龄由原来的 45 岁降低到 32 岁。

最年轻的英语学科主任魏馥媛、生物学科主任孙涛才 23 岁。他们年富力强，是教师队伍的骨干，是各学科教育教学的领头人，也是教育科研的中坚力量。

年轻的学科主任通常具有更为活跃的思维和创新的精神，能够带来新的视角和观点，为学校的学科建设和教学改革注入新的活力。他们更容易与学生建立联系，理解学生的需求和问题，从而更好地指导和服务于学生。他们通常具有更强的学习和发展能力，能够快速适应新的教育理念和技术手段，不断提升自己的专业素养和教学水平。他们可以引领和带动更多的年轻教师参与学科建设和教研活动，从而促进教师团队的年轻化和整体水平的提升。

在学科主任年轻化的基础上，学校对各学科备课组长也进行了年轻化改选。22 名学科备课组长，30 岁以下的有 19 人。几年来，各学科主任和备课组长带领本学科教师以新课程理念为指导，广泛加强教师之间的合作交流，集思广益，不断改进教学方法，为推进我校学科专业发展、学科建设、课堂改革做出了突出贡献。在出示参加优质课评选、教学能手评选、说课大赛，论文评选、课题申报评选中脱颖而出，获奖过关的学科主任和备课组长占整体教师比例达 65% 以上。

二、抓实抓细青年教师培养

青年教师是学校的未来和希望。四年多以来，学校十分重视青年教师的培养，连续举办多项活动，努力造就一只师德高尚、业务精湛、结构合理、充满活力的高素质专业化青年教师队伍，推进学校可持续发展。

（一）"青蓝工程"师徒结对

学校抓实抓细师徒结对工作。一是师徒结对全覆盖，做到每位青年教师都有师父，每位骨干教师都有徒弟；二是师徒结对高质量，师傅要引领新教师学习课标、分析教材、研究教法学法，掌握基本教学规范与技能。新入职教师要做到听一节课上一节课，工作 2～5 年的青年教师，每周必须听一节师父的课，师父每周也必须听一节徒弟的课，指导一次教学常规；三是师徒结对重考评，教师发展中心对师徒结对工作进行量化考核，以真实记录及学生水平测试数据为依据开展考评，并提高了师徒结对的有效性。实行四年来，效果显著。

1. 促进了教师队伍素质的整体提升：青蓝工程通过骨干教师与青年教师之间的"传、帮、带"作用，形成"以老带新，以新促老"的良好教学氛围。这有助于促进教师队伍在教育教学理念、教学方法、教育科研等方面，不断更新和提升，从而提高整个教师队伍的素质。四年来，有31对师徒获得市级和校级奖励。

2. 提高了教育教学质量：青蓝工程中，通过骨干教师有计划地指导青年教师制订好教学计划，关心他们的教育教学情况，并定期上示范课等方式，帮助青年教师快速成长。这有助于提升青年教师的教学水平和能力，从而提高学校的教育教学质量。四年来，师徒成绩共同进步的有41对，在期中考试中，"青出于蓝而胜于蓝"的徒弟超过师傅的有27人。

3. 培养了新一代充满活力的学校干部：青蓝工程不仅关注青年教师的成长，还致力于在学生中选拔具有潜力和才华的人，为他们提供一系列的培训和发展机会，帮助他们成为未来的领导者。这对于培养年轻人的领导力、团队合作精神和综合素质具有重要意义。在徒弟中，有2人因表现优异，能力出众，被选拔进学校中层；11人参与各年级管理；22人参与中心各科室工作。

4. 推动学校的持续发展：青蓝工程通过提升教师队伍素质和提高教育教学质量，为学校的持续发展奠定了坚实的基础。为学校的未来发展注入了新的活力和动力。

（二）开展"青年教师备课说课"活动。

学校定期举行青年教师说课备课比赛，培养青年教师把握、理解、运用教材的能力，提高他们的课堂教学水平，达到以"说"促"教"的目的。其作用非常明显。

1. 提升青年教师教学能力：说课和备课是教学过程中的重要环节，通过比赛可以促使青年教师深入研究教材，探索有效的教学方法，从而提高他们的教学水平和专业素养。

2. 促进教师间的交流与合作：比赛为教师提供了一个展示自己教学理念和设计的平台，同时也是一个互相学习和交流的机会。通过观摩其他教师的表现，教师可以取长补短，不断完善自己的教学方法和策略。

3. 推动教学创新：说课备课比赛鼓励教师打破传统的教学模式，尝试新的教学方法和手段，以激发学生的学习兴趣和积极性，从而提高教学效果。

4. 选拔优秀教师：通过比赛，学校选拔出一批在教学设计、教学方法等方面表现突出的青年教师，为他们的进一步发展提供支持和帮助。

5. 营造良好的教学氛围：说课备课比赛活动，可以激发教师的工作热情和创造力，营造一种积极向上、互相竞争的教学氛围，从而推动学校整体教学水平的提高。

三年来，在临清市举行的说课大赛中，学校有 28 名教师获奖。其中，特等奖 3 人，一等奖 10 人，二等奖 15 人。

（三）举行青年教师成长论坛活动。

学校每学期举行"青春勇担当，奋斗正当时"为主题的青年教师成长论坛活动，让优秀青年教师上台，讲述了自己入职以来的所学所做所感。让优秀教师分享自己的教育经验心得，从而促进青年教师更好、更快成长。其作用和意义主要体现在以下几个方面：

1. 促进青年教师的专业成长：青年教师成长论坛为青年教师提供了一个交流、学习和成长的平台。通过论坛，青年教师可以分享自己的教学经验和成长故事，从其他教师的经验中汲取营养，提升自己的教学水平和专业素养。

2. 激发青年教师的教育热情：学校对青年教师的关怀、信任和期望，通过论坛得以传达。这种关怀和信任，可以激发青年教师的教育热情，使他们更加积极地投入到教育工作中，为学生的成长和学校的发展贡献自己的力量。

3. 提升学校的办学水平和综合实力：青年教师的快速成长和进步，对学校的未来发展有着至关重要的作用。通过论坛，学校可以培养和挖掘更多的优秀青年教师，提升学校的办学水平和综合实力，为学校的可持续发展打下坚实的基础。

几年来，我校青年教师成长迅速，新入职的 47 名青年教师，每人每学期出示校级公开课一节；27 名青年教师在与临清市其他学校名师"同课异构"和"教学交流展示"活动中出示公开课，魏馥媛老师在全市英语中考复习研讨会上出示公开课。许楠楠老师在全国第六届"课博会"上出示公开课。

（四）举行教学质量提升论坛

四年来，我校连续举办了八届"教学质量提升论坛"活动。每学期一次。先后有十余位外校专家和三十一位本校教师走上主席台，介绍自己教学经验，分享教学故事，畅谈教学收获。

论坛为教师们提供了一个分享和交流的平台，使他们能够相互学习、相互借鉴彼此的成功经验，从而提升个人的教学水平和能力；通过深入讨论和交流，论坛有助于推动教学理念和方法的创新，促进学校的教学改革和发展；论坛的举办有助于提升教师的专业素养和教育教学能力，使他们能够更好地适应教育发展的需要，为学生提供更高质量的教育服务；通过论坛的宣传和讨论，学校能够进一步强化全体师生的教学质量意识，营造关注教学、重视质量的良好氛围。

通过专家教授的思想引领、及时点拨，优秀教师的先进经验分享，广大教师的深刻反思，使教师们开阔了眼界，提升了思想深度，学习了有效的教学方法，进一步增强了教育的责任感和使命感，为精准教学的开展提供了智力保障，有力地促进了教学质量的提高。

三、建构思维澄清课堂

（一）听课发现问题

学校精细化管理的逐步落实，为学校教研教改的顺利开展提供了多方面有力的支持，为教研教改的深入发展创造了有利条件。我自 2019 年秋季新学期起，就带领教学管理中心负责人，开始了连续随机听课。一天至少听两节课，三个年级轮流听，老中青教师轮流听，两个半月听了 70 多节课，全校教师的课听了一遍，有的教师最多被听了三次。通过听课，我们发现老中青年教师各有优点，但也存在一些明显不足。

老教师更加注重传统的教学方法，板书讲解和书本阅读，同时强调基础知识的扎实掌握。他们对学生的要求比较严格，注重培养学生的理论分析能力和解题技巧，能有效快速处理课堂突发情况，教学过程有条不紊，娓娓道来。

但课堂教学中，有近三分之一的老教师不使用多媒体，一支粉笔一张嘴，满堂灌的现象屡见不鲜。老教师与学生沟通交流不畅，这在一定程度上影响了教学质量的提升。

中年教师在课堂教学中，他们的课堂管理更加严谨，善于找到问题的根源并针对性地解决，能够更深入地讲解和阐述课程内容，为学生提供更全面的学科视野。他们能够更好地掌握教学节奏和课堂氛围，使学生更容易进入学习状态并保持良好的学习效果。他们与学生沟通顺畅，擅长用学生易于接受的方式进行教学，从而提高学生的学习积极性和参与度。但一部分中年教师教学内容模式比较单一，根据不同课型及时调整教法学法的能力较弱，很多时候重整体而忽视了个体。

上岗三年内的青年教师全部使用现代化的教学手段和方法，多媒体课件、互动式教学等，以激发学生的学习兴趣和积极性。课堂气氛活跃、热闹。但许多青年教师有些过于依赖多媒体等现代教学手段，有几次，学校维修教室停电，正在用PPT上课的青年教师离了多媒体，就不知道怎样进行下去了，有些不知所措。

在听课过程中，我还认真仔细地观察了学生听课、学习、练习、交流等方面的表现。也发现不少问题。一是基础差，底子薄。教师讲课过程中，常用到以前学过的知识，初三学生忘记初二所学的内容，初二的忘记初一所学的内容，初一的忘了小学的内容，这些现象时有发生，最多一个班有三分之二的学生回想不起来。这就需要教师带着大家，再重新复习一遍才有些印象；二是学生学习中一听就懂，习题一做就错；三是总体师生交流少，生生交流合作更少，基本处于各自为战的状态。这样，学习效果可想而知。

（二）合议分析问题

为什么会出现这样那样的问题？现在教学中存在的最大的问题是什么？怎样解决？我和教学管理中心人员、各学科主任、备课组长等，组织多次会议进行分析总结，得出了较为明确的结论。

1. 教师方面的原因

老教师大多具有丰富的教学经验和深厚的学科知识积累，由于习惯于传统的教学方式，有相当一部分老教师难以适应新的教学技术和方法，对新的教学技术和工具持保守态度。由于年龄和时代背景的差异，老教师可能与学生存在沟通障碍，难以真正理解学生的需求和想法，导致教学效果不佳。

中年教师通常在教学经验和教育理念上介于老教师和青年教师之间。他们可能已经积累了一定的教学经验，可以适应新的教学技术和方法，但缺乏创新精神，不愿意尝试新的教学方法和手段，导致教学内容和方式比较单一。另外，中年教师还面临较大的工作、生活压力，导致他们在教学中无法充分发挥自己的优势。

青年教师通常年轻、有活力、有激情，这是优点，但缺乏教学经验，难以应对一些复杂的教学情况，导致教学效果不佳。青年教师与学生年龄差距较小，更容易与学生建立亲密关系，但是对学生的管理不够严格，导致课堂纪律松散。青年教师可能过于追求新颖和潮流，过分注重教学形式和手段的创新，而忽视了教学内容的本质和学生的实际需求。有时候看着很热闹，但实际效果却有限。

2. 学生方面的原因

基础薄弱：因为生源绝大部分是经过小学毕业生大分流（去本镇私校、去临清市里私校、其他县市私立学校；家长提前在临清市里买房，把户籍从烟店镇迁走，孩子小学一毕业就划片被招生到市里公校）以后留下来的。成绩绝大多数较差，学生的基础知识掌握不扎实，就难以理解新知识，导致课堂效率不高。

学习动力不足：学生对学习缺乏兴趣或动力，缺乏明确的学习目标，导致在课堂上不积极参与、不专注等问题。

学习方法不当：学生采用的学习方法不适合自己，或者没有根据学科特点进行调整，导致学习效率低下。

课堂参与度低：学生在课堂上保持沉默，不积极参与讨论和提问，这会限制他们的学习和理解，同时也会影响教师的教学效果。

总之，当时在课堂教学中存在的问题很多。产生问题的原因找到了，那么，怎么解决呢？我陷入深深的思索中……

（三）提升解决问题：

1. 路在何方

教师的故步自封、经验为王的教法要改，掰开揉碎填鸭猛灌的教法要改，满堂课件、眼花缭乱的教法也要改。学生只动眼耳不动嘴手的学法要改，只会例题不会习题的学法要改，只会自研不会合作的学法都要改。

学校要发展，教学质量要提升，就必须提高课堂教学效率。面对课堂教学中如此复杂的教情、学情，如何做到对症下药，药到病除，沉疴尽去，身轻体健，健步如飞，跨越发展，从而实现量的超越、质的转变，确实是一件极重要而又急迫的事情。

精细化管理的实施，为教改提供了硬件上的保障；学科主任的设立，青年教师的培养，教学论坛的召开为教改的顺利进行提供了人力上、能力上、思想上的准备。但要学校想获得更高层次的发展，为教研教改提供新的启示和动力，让学校能够做到与时俱进，登高望远，获得创新和发展，制定更加有效地教研教改策略，同时也为教师提供足够的成长机会，只是局限于在校内采取措施就明显的显出不足来了。

基于以上考虑，自 2019 年下半年起，我利用一切机会，积极对外联系，周密用心安排，学校教师走出校门参观、交流、学习；请知名专家、优秀教师来校指导、点拨。在"走出去，请进来"中，发现问题、解决问题，推进教研教改逐步深入推进。

2. 走出去，请进来

"采他山之石以攻玉。"为使广大教师最大限度开阔视野，更新教育理念、丰富教学手段，提升自身综合素质，我校先后组织优秀教师、学科骨干等 300 余人次赴成都、青岛、潍坊、临沂、日照参加学科培训教研活动；赴东平县实验中学、东昌府区广平中学、冠县东古城镇中学、冠县烟庄街道办事处中学、聊城东方中学、杜郎口中学、即墨二十八中等地考察、听课、参观、交流学习。通过外出，教师们每次都大有收获，他们将先进的教学理念和教育思想带回来，切实提高了我校教师的教育教学能力。

专家引领是学校发展的智力支持和保障，也是学校特色创建过程中不可或缺的关键因素。学校积极开展教学教研活动，加大教科研力度。2021年起，学校多次邀请原聊城大学教育科学学院院长于源溟教授来学校指导课堂教学改革。还邀请了中国浦东干部学院副教授李冲锋，齐鲁名师李泽红，齐鲁名校长范呈碧，临清市教体局党组成员、教科研训中心主任时磊，临清市初中教研室主任杨庆余及各学科教研员等专家，来我校进行传经送宝，听课、评课、点拨指导。京华中学、实验中学、民族实验中学的名师，也应邀来我校授课、交流，这极大地拓宽了教师的教学思路，提升了课堂教学质量，促进了高效课堂的打造，推动了我校教学的高质量发展。

3. "思维澄清"课堂初步构建

在于教授的帮助下，学科主任带领下，以"半天无课日"教研活动为平台，各学科教师通过一次次磨课、讲课、评课，积极高效地开展本学科课堂教研教改探索活动。经过两年多的努力，到2023年底，烟店镇中学九大学科基本形成了以"低重心教学""师生共同表征建构""思维澄清"为特色的新授课、复习课及讲评课课堂教学模式。

部分教研活动摘录：

2022年10月24日听评课活动记录

上午听了牛鹤教师和魏馥媛老师的《M8U2》公开课；王灵云、李斌老师《我的叔叔于勒》公开课；下午听了赵淑华老师的《直线与圆的位置关系》公开课和汪杰老师的《直线与圆的位置关系》的说课。下午二、三、四节进行评课。

一、英语说课点评

牛鹤与魏馥媛老师分别说课。李润真、张蕾老师进行了评课，于教授进行了点评指导。

他指出，英语教学一定要体现出英语学科的特点来，教师说英语一定要用夸张的动作，丰富的表情来吸引学生，而不是板着面孔来说教；课前设立的目标，在本堂课结束前，一定要回看一下有没有全部完成。能力和情感目标靠熏染，潜移默化的提升，而知识目标的完成就要靠及时的检测；教师平时上课，要有意识录课，看看回放。这可以发现许多平时发现不了的问题，如课堂口语问题、重复问题、下意识动作问题等，有的放矢地进行改正。

二、语文说课评课

王灵云和李斌老师说课以后，牛爱华、葛雨老师进行了评课，于教授最后总结点评。

于教授指出，通过听课可见，两位教师网上搜集的资料很多，但这只是许多内容的堆砌，并没有像数学一样体现出烟店镇中学的特色来；教师所讲的内容还是太多，学生活动还是少一些；语文课堂要训练学生的阅读理解能力，要善于指导学生从文本中归纳、总结、提炼有效信息。建议语文教师，平常多听一听名师的课，看看他们是怎样处理文本的。

语文教学模式的打磨，需要静下心来，根据学科特点、课标要求，结合烟店镇中学师情学情，通过一节节的磨课，一次次的改进，逐步达到模式完整、切合实际、简洁高效的教学效果。

三、数学说课点评

赵淑华和汪杰老师说课后，赵子忠、栾春英、徐淑云老师三位进行了评课，于教授进行点评指导。

于教授指出，汪杰老师的说课中，所设计的两个练习题难度较大，在规定时间内学生肯定不能完成，应该去掉一个。教数学是一个慢功夫，数学课堂上，教师什么时候都不能因为要赶进度而加快授课速度。否则，将会欲速则不达。

赵淑华老师的数学课教学设计思路是正确的，师生共同表征运用得熟练。她带着学生一起做例题，教师讲，学生跟。学生懂的学生讲，教师讲学生出问题的地方。讲解题的规范书写，说出每一步的理论依据，渗透数学的思想方法，引导学生总结规律。让学生的思维再一次澄清。教师写什么，学生跟写什么；教师问什么，学生答什么。真正做到了师生思维同频，降低了教学重心。例题后紧跟平行练习，75%以上的学生都能做对，教学效果良好。

于教授结合烟店镇中学数学学科各位教师思维认知水平、执教能力、学生程度等实际情况，提出了构建数学课堂师生共同表征，思维澄清的课堂模式，得到了数学学科组教师的一致赞同。

具体做法：

1. 题目分析：看到题目，教师引导学生思考：已知条件是什么；未知条件是什么；解题需要哪些前探知识、需要哪些现学知识？

2. 教师规范书写解题过程，并注明每一步的依据。

3. 小结：陈述性知识总结；策略性思维总结；数学方法总结；需要注意的问题；解题的关键。

4. 整理前探性的知识。巩固复习和学习新知识，低重心的教学，争取80%学生达标。

正是：一天听评辛苦多，语英数学勤打磨。精雕细琢初成效，踔厉奋发勇开拓。

2023 年 3 月 29 日教研活动安排

一、上午安排：

1. 上午政史地、理化生学科继续进行"半天无课日"听评课教研活动。各学科由学科主任安排听评课，将听课班级和授课人发到学科主任群，学校领导随机参加。各学科上课和教研照片也发到学科主任群中。

2. 数学学科：上午第二节，初一 14 班听许楠楠讲课；上午第三节，初二 1 班听荣小鑫讲课。

3. 语文学科：上午第四节，初一 2 班听石怀壮讲课。

4. 数学听课活动和语文听课活动于教授和学校领导全程参加。要求同年级同学科教师必须参加同年级教师的讲课听课活动，不同年级没课的教师也要积极参与。

5. 数学和语文学科主任做好讲课教师的授课材料收集和讲课录像工作。将录好的授课视频在下午第一节前拷到教研活动室一体机上。

二、下午安排：

1. 数学学科全体教师下午第一、二节，到前教学楼三楼教研活动室参加评课交流活动，学科主任负责点名；

2. 语文学科全体教师下午第三、四节，到前教学楼三楼教研活动室参加评课交流活动，学科主任负责点名；

3. 英语下午自行进行"半天无课日"听评课教研活动。将听课班级和授课人发到学科主任群，学校领导随机参加。教师上课和教研照片发到学科主任群中。

四、相关要求

1. 按时参加，不迟到，不早退，中间不外出；

2. 认真参与活动，做好笔记；

3. 手机调至静音状态，活动期间不得随意接打电话，不准玩手机。

临清市烟店镇中学

2023 年 3 月 29 日教研活动记录

上午：政史地、理化生各学科继续"半天无课日"教研活动。先听课，再评课。

数学：于教授、孙校长、梁校长、万善乡中学、清水镇中学考察交流团、同年级数学教师等听了初一许楠楠老师《二元一次方程组的解法》、初二荣小鑫老师《勾股定理逆定理》两节课。

语文：于教授、孙校长、梁校长、万善乡中学、清水镇中学考察交流团、语文教师等听了石怀壮初一《老王》一课。

下午：第一、二节在教研活动室进行数学评课教研活动。许楠楠、荣小鑫先后说课，所上课的教学设计、过程及课后的一些反思。徐淑云、史延山、高俊玲、卢旭、王丽杰等听课教师进行了评课。肯定了两位青年教师的进步，并提出了一些意见，如步骤要完整，要学会打破例题界限，要善于变通等。

于教授最后做点拨指导。他边看上课视频边分析，完善数学新授课课堂模式。

一前探。

二导入。

三精讲。在讲解过程中要注意反思：1. 陈述性知识；2. 解题思路与预测解题思路的差别；3. 易错点；4. 变式练习；5. 感悟。

四平行练习。平行练习流程：1. 学生做；2. 小组讨论；包括：对答案；差生提问；优秀生讲题；差生回讲。3. 整理思维澄清；

五感悟收获。

六当堂检测。数学上课常规：教材、练习册放在课桌左上角；练习本放在正前方；文具放在中间。

下午第三、四节，在教研活动室进行语文评课教研活动。石怀壮说课谈教学设计和反思，孟翠翠、葛雨、安利姣、王灵云、孙祥勇、牛爱华等先后评课。大家肯定了步骤完整、前置评测重基础的优点，提出了要合理安排各环节之间的时间，要多读文本等意见。

于教授提出导入要简练，要把生字词放到句子中去让学生掌握。字不离词，词不离句，句不离篇。语文即生活，试着抓"大阅读"的建议。

在学业水平测试成绩出来后，学校改变了过去教师对试题分析、试卷讲评一带而过的做法。连续召开年级主任、学科主任以及各年级备课组长会议。于教授提出，教师教完不代表教会，学生学会，更要会学。学校安排教师们拿出一周的时间来分析试题，讲解试卷，然后结合班级实际情况，找出这套试卷在本班级的难点、易错点，回扣课本知识点进行反思、梳理，然后再考两次。一次是原题巩固，一次是变式提高。通过一年来的实践看，效果良好。百分之八十以上的同学能够做到优秀。达到了以考促教、以评促学的目的。在以后的测验中，我校继续坚持小步子、慢节奏、细梳理、二次考、多反思的讲评课方式，让更多的学生学有所得，日有所进。

学校还组织各学科教师积极展开了针对测评试卷的学生易错题的统计分析。统计难易度、错误率、分析失分原因，并制定出相应的解题策略，并形成文字保存。以后历次测试包括周清、月考、期中考试，都这样坚持去做。

数年后各科都可以形成一整套易错题集，将之运用到教学中去，将极大地节省教师时间，提高学生学习效率，促进教育教学质量提高。

七年级英语学科期末测试易错题集及解题策略

一、考试质量分析

1. 试题方面

就整套试题而言，考点分布均匀，覆盖面广，考题难度适中，大部分试题能够体现目前注重基础、体现能力的考试命题要求。试卷注重基础，体现灵活运用，难度和区分度恰当无偏题、怪题出现。试题注重考查学生在一定语境下，对语言基础知识的掌握情况和综合运用英语的能力。语言基础知识的考查，重点突出、覆盖面广；情景设置合理，避免了纯知识性的死记硬背；词汇和语法的测试，充分注意了语言的真实性、趣味性和实践性；注重语感，灵活性强，突出语言形式向语言意义的转化。

2. 试卷方面

本次考试题型，分为选择题和非选择题。选择题分为三种题，共80分，其中听力部分30个小题共计30分、完形填空10个空共计10分、阅读理解20个小题共计40分。非选择题分为三种题，其中语法填空10个空共计10分、阅读表达5个小题共计10分、书面表达一个小题共计20分。各部分难易程度不同。大部分题都比较基础，和平时的练习比较起来，相对集中，更能反映出学生在这一阶段学习中的问题。15个班的平均分，班级之间差距较大，在有排名不可避免分出名次的情况下，缩小差距是我们英语组应该重点解决的问题，好的更好，不好的缩小差距。

二、具体题型分析

1. 此次英语考试的听力部分，内容为与日常教学相关的材料，与所学教材难度相当，较为简单。朗读速度适中，对平日教学的听力训练有着良好的导向作用。本次听力主要考查课本预备级和前五个模块的内容，后半部分内容涉及不算太多。第二节听力 11 至 13 小题，18 至 21 小题，22 至 25 题，这三段对话内容都出自课本前六个模块之中，学生听起来应该较为容易。各个小题，在平常听力练习中，都有所涉及。整体难度不大，但由于录音与平常的录音相比，播放次数受限，个别同学可能难以捕捉到关键信息，尤其是听力第一节的 10 个小对话只听一遍，难度更大。

小结：听力题一般采用特殊疑问句设置问题，这就需要同学们掌握具体疑问词引导句型的用法。

2. 完形填空题主要是讲述小熊 Harry 不喜欢刷牙，做了个噩梦牙齿掉光后，态度改变坚持每天早上刷牙的故事。第 31 题考查名词词义辨析和上下文理解。根据下文中的 brush your teeth 可以推测答案。第 32 题考查介词的用法。固定句型 It's time for sb. to do sth. 对某人来说到了该做某事的时间了。第 33 题考查名词词义辨析和上下文理解。根据下文打开水龙头，可以推测出他去了洗刷室。bedroom 意为卧室，kitchen 意为厨房，bathroom 意为洗漱室。第 34 题考查形容词词义辨析和上下文理解。根据上文他说"太多的牙齿了，我怎么能刷完所有这些牙齿"可以推测，他是难过的。happy 意思是高兴的，relaxed 是放松的，sad 是悲伤的。第 36 题考查动词短语的意思。根据上文是早晨，所以选择起床。get off 意思是下车，get on 是上车，get up 是起床。第 37 题考查形容词词义辨析和固定用法。what's wrong 表示怎么了。第 38 题考查动词词义辨析和上下文理解。第 39 题考查名词词义辨析和上下文理解，他的妈妈带着他去看医生。第 40 题考察副词词义辨析，他悲伤地哭了又哭。happily 意为高兴地，quickly 意为快速地，sadly 意为悲伤地。

小结：完形填空题一般考查词义辨析和上下文理解，不单纯地考查某个单词的用法。有时也会考查固定搭配。词义辨析涉及多种词性，名词形容词动词介词副词，都是常考点。这就需要同学们具备一定的单词量和理解能力。这个题型总体错误较多，个别词汇没有学过，需要同学们使用排除法。教师在未来的教学中，要加强学生理解能力的培养，提醒并督促好学生做好总结，尤其是经常出现但是自己又不熟悉的词汇和短语。

3. 阅读理解考查的内容，注重了对学生在语境中运用语言能力的考查，加大了对语言的熟练程度和深层次能力的考查。阅读材料贴近生活，同时题材广泛、生动有趣，并富有思想性。淡化语法，强调能力。

阅读理解第一节判断对错，难度较小。第42到45题答案集中在最后一段。第41题错误较多，原因为不理解上下文的意思，有一个生词 owner 可能会影响学生们的理解。

第二节A篇主要讲述一个好孩子的故事，由于家庭贫困，每天走着去上学，这也让他很强壮，在运动会上表现突出。中后部分内容生词较多，又是过去时态，学生不易理解，再加上学生掌握不了做题方法，所以整体丢分严重。第46题目标段落是第一段，同学们不知道选项中 poor 和 strict 的意思。第47题词义猜测题。第48题和49题是细节理解题。第50题是判断推理题。

B篇阅读理解主要讲述的是不同季节人们做着不同的事情。符合传统文章的特点，主旨句就在第一段的第一句。第51到53题属于细节理解题，第54题属于词义猜测题，第55题属于总结归纳题。错误较多的是第53和54题，都是对第三段第一句话的理解。

C篇是阅读还原题，近几年第一次在期末考试中出现七选五的题型。题目较为简单。选材和生活息息相关——如何保持健康。第56题和第58题错误较多。

4. 语法填空题中语法知识的测试，充分注意了语言的真实性和实践性。命题者通过设置不同的语境，把对语言知识的考查中心，放在了根据上下文和一定的语境中，让语法测试试题具有更积极和现实的意义。

本次考试10个空，考查了动词现在分词，形容词修饰名词，定冠词、介词固定搭配，be动词，名词复数，动词单三和名词所有格的用法，涉及知识面广。错误较多的是第66、69、70题。第66题涉及地理知识时区时间的变化。

5. 第五大题阅读表达题。各种动物来自于哪里以及他们的特征和生活习性。与课本第六模块动物主题相关。第71题，根据短文内容，将下列图片与相关信息匹配，将字母代号写在横线上。错误在于：1. 没看清楚题目要求。题目要求写字母代号，有的同学乱写。2. 四个题目都有错的，找不准动物名和他们的图片。原因在于：同学们基本词汇掌握不住，没有耐心去看完文章。

第 72 题是把英语译为汉语。大部分同学能翻译出来 they can things for people，但有的同学没有翻译 and，错误最多的单词是对 carry 的理解，有的同学把它翻译成了"拿东西"，在这里，最好把它翻译成"搬运"，还有很多同学把这句话翻译成了"他们能为人们做很多事情"。thing 这个单词本身有两个意思，一个是东西，一个是事情，需要根据具体的语境来判断词汇的意思。

第 73 题大部分同学不会，这个题看似很难，其实很简单。以肉为生可能有的教师没有讲过，它是出自第六模块 live 的拓展词汇。其实在前两个段落当中，已经出现了以什么为生的句型，同学们如果能抓住这一点，就可以把它迁移过来，这一点很少有同学能做到。还有一部分同学把它翻译成了他吃肉，意思不一样。

第 74 题询问 Why do some people hunt and her family？很多同学没有找准本题答案，在原文当中非常明显，首先一个是有汉语提示，另外还有 so，表示因果关系的一个关键词。很多同学找到了目标答案，但是没有用"because"来引出原因。分析错误原因，可能在于有几个单词不太认识，同学们没有耐心去找这个答案。平常做题对 why 问题进行回答原因，用 because 强化的太少。

第 75 题用一个词替换 more than，几乎没有做对的，七年级上册的内容没有涉及这个词汇，平常做题碰到过，没有引起教师和同学们的足够注意。

改进措施：

1. 基本词汇需要反复诵读听写。

2. 教会学生联系上下文，根据语境来理解词汇的意思。

3. 教会学生做题方法（比如，凡是有汉语提示的地方，几乎都会出题，对我们理解文本有很大帮助）以及回答问题的具体要求（比如回答 why 用 because 开头；翻译句子不能遗漏单词，英译汉要符合汉语习惯等），会用文章中的信息，帮助我们去做教师没有讲过或是自己不熟悉的内容。

4. 碰到各种题型，教师都要给学生们讲透彻，随着考试难度的加大，适当拓展部分重点单词的相关词汇。

5. 心态不正，满盘皆输。摆正学生们的心态很重要，告诉学生，不要害怕文章的长度和个别词汇不认识。浅显地讲，考试在一定程度上要有分，只要能拿到分就可以了。这也是对学生能力的考察，碰到问题，自己能够根据现有信息解决问题。

6. 第六大题书面表达，以"The spring festival"为题写一篇文章。就是要求学生们根据汉语意思翻译成英语。这篇作文大部分出自课文第十模块第二单元的 Acitivity 3。第四句话，课本上没有原话，需要同学们自己翻译。

问题在于：单词不会写，固定搭配不会，遗漏需要翻译的内容，句子错误太多。

解决措施：检测"听懂了吗？"的最好方法是举例子，检测"背过了吗？"就是会默写，检测"掌握了吗？"就是会做题。所以背过只是第一步，会写才是真正的背过。一定要落实到会写。早读让部分学生到黑板上去写，给其他学生树立榜样，也是发现问题的一个过程。全体学生一起默写，改正错误，上交。

纵观整体，注重考查基础知识和基础能力。考查课本原文内容比较多，本次考试听力部分考查前六个模块的内容较多，其他题型考查后六个模块比较多，顾及了整册课本。这为今后教学提供了一个方向，一定要注重课本对对话和阅读文本的缩写。对书上的文本材料要深挖，以各种题型形式让同学们去理解。课本即是最好的资源，也是万源之源。

三、易错点分析

1. 知识的缺陷

英语很多题目做不对，就是理解的问题，理解不了的原因就是词汇和语法的欠缺。

任何题型都需要一定的词汇量为储备，词汇量的大小从一个侧面决定了英语理解的程度，它是制约外语学习效率的最重要的因素。词汇是构成语言的最基本材料，是英语的根基，始终贯穿于英语学习的整个过程，是其他方面学习的根本性前提,即单词高于一切,强化单词学习的重要紧迫性不言而喻。学习记忆单词,除了需要努力外,也需要很多的技巧。比如通过发音背单词(这就需要先会读单词,要会读单词就需要掌握48个国际音标和字母组合发音规律等)、零碎时间背单词,通过句子或是语境背单词、分类或是归纳记忆单词、词根记忆法、联想记忆法,还要重复记忆,避免遗忘,不断强化,成为脑海中自然而然的知识。

具备了词汇量,还要懂一定的语法和句法,会分析句子的结构,否则也看不懂文本的含义或是不能很好地理解文本。具备了语法知识,一定程度上也能弥补个别单词不认识带来的困惑,可以去猜测。强化语法和句法,需要讲解和大量的练习题渗透,并让学生逐步学会自己总结出语法规则,达到看见句子就知道这个句子的时态、主谓宾定状补等。

2. 理解的缺陷

试卷第72题英语译成汉语,存在对 carry 和 thing 的理解,准确理解需要联系上下文,翻译还要符合汉语的习惯。有的单词存在多个意思,需要结合语境才能确定在这个句子中的意思,才能准确翻译出来。平常上课中,要让学生多翻译、多练习,注意一词多义。

3. 读题能力和做题能力的缺陷

考试都是以问题的形式呈现。没有读对题目而做错,是非常遗憾的。训练学生读题的能力,训练学生对比原文的能力,理清楚题目选项与原文程度上的差别,无中生有的地方一定是不对的。有的时候,读不懂题目不影响得分,只需要根据问题中的主语、谓语或是时间地点状语,找到目标段落即可。对此,应该教会学生方法,每次针对同学应该得分而得不到分的情况加大指导力度,让其不逃避,耐心去找目标段落。

4. 迁移知识能力的缺陷

有的时候,试卷中的问题不一定教师都讲过,但是出现这种情况,一定会在试卷的某个地方给了提示。迁移知识的能力,很多同学不具备,包括优秀学生在内。这就需要学生在做题时细心,有一双会发现知识的眼睛。

5. 做题技巧的缺陷

做题技巧其实贯穿于其他能力中。这里所说的技巧分析如下：拿到一篇语法填空，首先要判断它的主要时态，为下文做题打好时态基础，是一般现在时还是一般过去时，都会决定部分填空动词的形式。再比如，填冠词只能填写 a/an/the 不能填写其他的，and 要连接并列成分，be 动词后经常考察动词的现在分词和过去分词，不管会不会，题目不能空着。

6. 做题规范性的缺陷

比如英语句子首字母要大写，回答 why 要用 because 开头，回答地点要用介词，英语作文要是有题目，一定把题目写在答题卡上再去写正文，写作文不能遗漏任何要点，写作文要成段落不能一句一行。

四、今后教学当中应该注意的问题

1. 加强单词的检查力度，促使学生掌握好单词，打好基础。

2. 加大听力练习量，以测试的形式加强训练。

3. 针对此次考试中存在的问题，一定要求学生在今后的练习训练中，重视词汇的运用，多总结，多翻阅，减少知识盲区。

4. 定量定时完成阅读理解和任务型阅读题。教师在讲解的时候，提高学生阅读理解和分析题目的能力。

5. 多背诵课文，培养语感，帮助消化语法知识。

6. 提高学生学习英语的兴趣，调动积极性，多鼓励多奖励。

在借鉴其他学校优点长处的基础上，2024 年开学后，学校根据学生认知规律和学习习惯特点，继续深化课堂教学改革，教师充分发挥学生的能动作用，变一对多的小组合作为一对一的"同心互助"——一个小师傅指导一个小徒弟，同心学习，共同提高，试行几个月来，效果明显，小师傅的理解指导能力和小徒弟的学习接受能力都有所提高。学生平均水平有了较大提升。

五、取得的成绩

烟店镇中学在教研教改的道路上不断奔跑，披荆斩棘，勇往直前，一刻不曾停歇。即使在疫情严重,学校停课,教学全部转入线上时,也没有停滞不前。全校教师在领导带领、专家指导下通过微信、钉钉、腾讯会议交流、研讨，想办法、定策略、谋发展……

时光如水，岁月荏苒，时间在忙忙碌碌，紧紧张张中悄然而逝。烟店镇中学教研教改的过程是艰苦的、繁忙的，甚至有时是痛苦的。但不经一番寒彻骨，怎得梅花扑鼻香？学校的教改就是在这样的环境中生根、发芽、开花、结果。

几年来，学校先后获得"山东省绿色学校""聊城市规范化学校""聊城市语言文字规范化学校""聊城市平安和谐校园""聊城市学校德育工作先进集体""临清市教育教学先进单位""临清市学校体育工作先进单位""特级经济开发校园"临清市花园式学校""临清市职业教育招生工作先进单位""青少年法制教育基地""临清市健康促进单位""临清市无烟学校"等荣誉称号。

学校先后承办了临清市语、数、英学科课堂教学展示活动，临清市2023初三复习推进会暨课堂教学改革现场会；聊城市2024烟店镇中学教学现场会。增进了校际交流，扩大了学校影响。

我校教师，1人获聊城市教学能手称号，2人获得聊城市优质课一等奖，11人获临清市教学能手称号，15人获临清市优质课称号，28人获临清市说课大赛奖励。聊城市级课题《双减背景下，提升农村初中数学边沿生学习兴趣策略研究》和《课外体育活动对班级学生管理促进作用的实践研究》顺利立项；省级课题《乡镇初中"一体两翼"差异化教学体系研究》也顺利立项，正向纵深研究。在各类刊物发表高质量论文5篇。

在全体教职员工的共同努力下，学校取得了长足进步，师生行为日益规范，教学质量稳步提升。普通高中录取人数接连创下烟店镇中学新高（2019年38人，2020年43人，2021年91人，2022年174人）。2022年中考平均成绩已由原来的倒数，上升到了全市17所公立初中的第12名。其中，500分以上206人；550分以上143人；600分以上78人；650分以上36人；700分以上5人；最高分727.2全市第80名。全市前三百名3人；前1000名25人；前3000名99人，前5000名207人。虽然排名还是不高，但是已经成功摆脱了以前常年倒数的尴尬局面，稳居全市中上游行列。2022—2023年度全市中学教育综合评估更是高居第7名。

解决教而不会问题是农村初中提质增效的金钥匙，教而不会问题的解决需要技术和方法，实践证明，烟店镇中学探索的低重心教学、思维澄清课堂所运用的技术，如师生共同知识表征技术、可见学习技术、自我反思技术、大循环与小循环技术是卓有成效的。学校经过努力，基本实现了2019年制定的一年树立规范，两年提升质量，三年创建区域名校的目标。现在正向着六年成县级乡镇名校，九年成乡镇头雁学校的更高更新的目标前进。我们相信"相信的力量"，经过努力探索创新，一定能办成与烟店经济相匹配的高质量初中教育，为乡村振兴做出应有的贡献。

第四节 精心育人 充实师生的精神世界

在这个知识璀璨的时代，学校不仅是传授知识的殿堂，更是培育人才、充实师生精神世界的沃土。我们深知，教育的真正价值不仅在于知识的灌输，更在于引导学生发现自我、塑造品格、丰富心灵。因此，学校致力于打造一个充满人文关怀与智慧启迪的校园环境，让每一位师生都能在这里汲取精神的养分，学校精心育人，注重培养学生的综合素质，让他们不断拓宽视野，深化思考。同时，学校也关注师生的精神需求，通过丰富多彩的文体活动，让师生在忙碌的学习工作中找到心灵的寄托，充实自己的精神世界。在这里，每一个人都能感受到教育的温暖与力量，共同书写学校的美好新篇章。

一、唤醒教师的职业尊严

20世纪80年代末开始，在市场经济刚刚席卷烟店这个小镇时，由于竞争无序，治安管理不到位，个体家族式的竞争日趋激烈，这也形成了烟店镇特有的一个习俗——早婚早育。人口多了，家族式的商业、企业才能发展壮大，才能在市场竞争中获取利益。这也导致很多家长拖学生后腿，学生初中毕业甚至没毕业，就被家长拉回家或学做生意或结婚生子，直接导致"读书无用论"盛行，很多学生无心学习。而广大教师因付出与收获极不成正比，所以教学积极性下降。

（一）如何应对改变这种状况？

孙隆校长刚来学校之初，学校的整体状况堪忧：优质生源严重流失，学生学习动力不足，家长对学校信心不足，教师对教学热情不足，缺乏职业荣誉感，社会各界对烟店镇中学的教育评价不高。烟店镇中学的教育到了最危险的时候。此种情况下，学校改革恰如逆水行舟，不进则退。原地踏步和躺平都是毫无出路的绝境，而教改的核心要素就是教师。要想达到精准教学、精心育人的目标，首先需要增强教师的职业荣誉感，调动其工作积极性和主动性。原因如下：

教师是教育教学改革的实施者，他们的态度、能力和行为，直接影响着改革的成败。只有唤起教师的积极性和主动性，才能使改革理念转化为实际教学行为，推动改革深入进行。

教师在长期的教学实践中积累了丰富的经验和智慧，他们最了解学生的学习需求和实际情况。唤起教师的积极性主动性，可以充分发挥他们的专业优势，使改革更加贴近实际，更具针对性和实效性。

教育教学改革不仅是改变教学方法和手段，更是要改变教育理念和教育文化。在这个过程中，教师需要参与改革决策和实施过程，提出自己的意见和建议，使改革更加符合学校和学生的实际情况。

教师的积极性主动性，可以激发他们的创新精神和创造力，使他们在改革实践中不断探索、尝试和创新。这种精神，可以推动改革的深入进行，提高改革效果，使学校的教育教学工作更加符合时代发展的需要。

（二）为激发教师的内在动力和专业优势，推动改革的深入进行，提高学校的教育教学质量和水平，烟店镇中学采取了以下措施：

1. 进行解放思想大讨论活动

两次为期三个月的大讨论，全体教师解放了思想，提高了认识，看到了不足、更看到了学校领导推行教育教学改革的决心和信心，使教师们受到了鼓舞、激励，精神风貌和精神状态为之一振，为学校教研教改的推行奠定了良好的思想基础，做好了行动上的准备。

2. 激发教师的内在动机

学校出台相关规定，将教育改革的目标与教师的个人发展紧密结合，使教师意识到改革对于自身职业成长的重要性，从而激发教师参与教研教改的内在动力。学校设立奖励制度，将学校教研教改成果与教师个人荣誉相结合，对在教育教学改革中表现突出的教师，进行表彰和奖励，激发教师的积极性和创造力。四年来，学校累计表彰教改先进教师80多人次，有力促进了教学改革的推进。

3. 提供专业发展机会

学校为教师提供培训、研讨、学习等机会，帮助他们提升教育教学理念、方法和技能，增强他们参与教育改革的信心和能力。四年来，仅外出参观学习培训就达到290多人次。

4. 鼓励教师参与决策

学校通过定期召开座谈会和调查问卷等形式，广泛听取他们的意见和建议，让教师参与教育教学改革的决策过程，使教师感受到自己的价值和重要性，增强他们的责任感和使命感。

5. 给予实践空间

学校为教师提供实践的空间和机会，鼓励他们在实际教学中尝试新的教学方法和手段，体验改革的成果和乐趣，从而增强他们参与改革的积极性。

这些措施有效激发了教师的改革热情，推动了教育教学改革的顺利进行。

二、家校联合，提升家长教育观念

改变家长"读书无用论"的观念，学校主要是从以下几个方面入手：

（一）充分利用家长学校，加强家校沟通

学校每两周一次召开家长会，或让家长分享培养子女成功的经验，或邀请烟店镇知名企业家来学校做报告，讲述自己文化立身、科技兴企的先进事迹。通过现身说法，让家长看到读书的价值和作用。

（二）家长会和家访时机不容错过

学校规定，在家长会和家访中，班主任、任科教师与家长，除了谈学生表现外，每次都必须加入对家长进行思想教育的内容。要通过摆事实、讲道理、让家长认识到，强调教育对于个人成长和社会发展的重要性，以及读书对于提升个人素质、拓展视野、增强竞争力的作用。引导家长关注长远利益，读书不仅是为了眼前的利益，更是为了长远的未来。引导家长思考，如果孩子不读书，可能会错失更多的机会和发展空间。

（三）提供资源和支持

学校定期为家长提供一些关于教育、读书等方面的资源和支持。如免费发放有关子女教育方面的书籍，在家长群推送相关优秀文章，组织家长观看一些有益的教育课程等，让家长更深入地了解教育的价值。

（四）召开座谈会，面对面交流

学校定期召开家长座谈会，请教育专家来校与家长交流。在思维的交流碰撞中，让家长更加深刻地明白知识就是力量、知识改变命运的道理。认识到"读书无用论"只是个别情况，不能代表整体趋势。不管自己孩子成绩如何，做家长的都要支持、鼓励他们。

通过几年的努力，绝大多数抱有"读书无用论"的家长，改变了从前对子女教育漠不关心、放任自流的状态，与学校一起热情高涨地积极参与到孩子的教育管理中。极少数还没有完全转变的家长，也有了可喜的进步。"家校共育"正从美好愿景逐步走深走实。

三、多渠道育人，丰盈孩子的精神世界

党的二十大报告指出：教育是国之大计、党之大计。培养什么人、怎样培养人、为谁培养人是教育的根本问题。育人的根本在于立德。全面贯彻党的教育方针，落实立德树人根本任务，培养德智体美劳全面发展的社会主义建设者和接班人。烟店镇中学全体教师认真学习领会报告精神，深入贯彻实践，采取了一系列措施：

（一）法治进校园

20世纪末市场经济的无序，也使得很多烟店镇居民法律意识淡薄，这就不可避免地影响到学生的行为，抽烟、早恋、打架曾是学生的"家常便饭"。

我来到烟店镇中学，第一个要做的就是扭转这种乱象，为学生树立法律意识。法治进校园的措施主要包括以下几个方面：学校聘请派出所指导员作为法治副校长，定期来学校做法制报告，宣传法律法规；学校开展丰富多彩的校园活动，如法治教育主题班队会、模拟法庭、法治论坛、法律知识竞赛等，结合学生身边发生的法律事件和故事，宣讲法治理念、法律常识，营造浓厚的校园法治氛围；学生登录全国青少年普法网完成普法学习任务，参加有关竞赛。同时，创新法治文化载体和形式，把传统媒体与新媒体紧密结合，不断提升青少年法治教育的感染力。另外，学校还不断加强与家长之间的沟通交流，推行家校共建法治教育模式。通过家长学校、家长会、开放课堂等形式，向家长传输传达科学的育子观念，阐明党和国家的教育方针政策，讲解有关法律法规，赢得家长对学校教育的理解和认可，发挥家长对学生的正面作用。通过几年的努力，学生对法律法规的了解大大加深，法治意识和素养基本形成，遵纪守法蔚然成风，增强了学生的安全意识和自我保护能力，预防了校园安全事故的发生，维护了校园的安全稳定。

（二）常规育习惯

烟店镇中学的学生大多出身于农村家庭，很多家长重视利益而轻视家庭教育，尤其缺少对后代生活习惯、行为习惯的培养和纠正。我们要做的就是补齐家庭教育缺失的部分，让学生养成良好的行为习惯，落实《学生一日常规》中对学生上课、自习、课间、两操、就餐、就寝等方面都做出了规范要求，让学生通过三年的校园生活，即使不能做到成绩优异，也能因一个好习惯而终身受益。现在，学生绝大多数都能做到严格按照一日常规规范自己，上课不趴伏，自习有管理，课间走直线，"两操"做的齐，就餐不浪费，就寝寂无声，实现常规育习惯，习惯成常态。

（三）班会育心性

主题班会是在班级中进行的，围绕一个特定主题进行的集体讨论和交流的主题活动，此目的是增强学生的集体意识，提高他们的思想觉悟和道德水平。每学期开学前，学校都要召开全体班主任会议，请专家来校指导，根据该学期时间节点、特点，结合不同年级学生身心发展规律，通过探讨、研究制定出各年级每次主题班会的主题,然后再由各年级班主任围绕主题查找材料、写出教案、做出课件,本年级统一使用。班会时,班主任引导大家围绕主题进行深入讨论,从而达到教育学生的目的。

例如:初二年级学生成长主题班会内容按照时间先后定为:

新学期新起点;享校园安全教育,过美好校园生活;树立正确价值观,做新时代好少年;人际关系;考试策略;挫折教育;远离网络沉迷、规范网络言论;青春期烦恼;自律;学会拒绝;学习策略;法律宣传篇;情绪控制;责任担当;发展思维与集中注意力的训练;认识真美,健康成长;树立正确的消费观,弘扬勤俭节约美德;相信自我,光芒万丈;兴趣爱好;自理能力。

（四）晨激励　鼓斗志

晨激励是指在早晨进行的短时间集体活动,一般放在上正课前五分钟。由班主任引导学生读励志文章、看励志视频、讲励志故事等。目的是让学生以饱满的精神状态开始新的一天的学习。通过晨激励,学生可以调整自己的心态,满怀信心与希望,准备好迎接新的一天的挑战。

部分激励内容:管鲍之交;傅说举于版筑之间;孙叔敖逐梦;百里奚;路易·威登的成功之路;海伦·凯勒;勤能补拙;理想之光;未来职业规划;坚持的力量;中国的传统健身;中国历史上的伟人;中国名著;运动——生命的旋律。

（五）午唤醒　振精神

中午唤醒通常是在下午上课前进行的一种集体活动,目的是让学生在唤醒中激励自己,增强自信和决心。唤醒的内容可以是宣誓,包括对自己的承诺、对目标的追求或对团队的忠诚等,也可以是每天一首歌,或者冥想。通过午唤醒,学生可以时时提醒自己保持积极向上的态度,为实现自己的目标而努力。

例如:八年级午唤醒内容如下:

周一:宣誓

准备阶段:

全体起立!（全部起立,站直立,严肃对待）

我们的班名是:

我们的班风是：

宣誓阶段：

请举起右手，跟我宣誓！（宣誓声音要洪亮，有激情）

宣誓人：

我宣誓／我们将／唤醒／全部的／潜能／我们将／凝聚／全部的／力量

用／拼搏／换取理想／凭／奋斗／铸就期望

我们／将把骄傲／献给／父母和教师／我们／要珍惜生命的每一分钟／我们／要拼搏／我们／要拼搏

我们／更要／相信自己／勇敢／去做／从现在／开始／便是／属于／我们的高光时刻

地理／生物／会考加油！会考／必胜！

宣誓完毕，请放下右手！

宣誓完毕，立即进入学习状态！

周二：激励歌曲《夜空中最亮的星》

周三：激励手势舞

周四：激励冥想

周五：宣誓词

准备阶段：

全体起立！（全部起立，站直立，严肃对待）

我们的班名是：

我们的班风是：

宣誓阶段：

请举起右手，跟我宣誓！（宣誓声音要洪亮，有激情）

宣誓人：

我宣誓／我要／牢记／父母／劳碌的身影／和／期盼的目光／我要／铭记／我的追求／和理想

我拼／我赢！我说／我行！让信念／与／行动齐步／让拼搏／与／成功共享

实现／人生自我／创造／生命辉煌！超越自我／用奋斗／放飞希望／永不言弃／用信念／实现梦想／让青春／绽放／最美丽的／光芒！

宣誓完毕，请放下右手！

宣誓完毕，立即进入学习状态！

（六）晚反思　明得失

学生晚自习最后一节课放学前五分钟，开始对在校一天的学习生活及其个人行为表现进行反思总结。正确的反思过程可以帮助个体明白自己行为的正确性，让个体注重自身发展，并以此为依据改进自身表现，帮助其在技能、经验等方面有所提升。反思可以改善学生的学习效率和学习成果，提高学生分析决策、选择等认知能力，可以使学生能够及时发现自身的技能、思维、行为存在的问题、从而有针对性地加以改进、解决。

（七）社团提素质

学校成立了22个学生社团组织。朗诵、表演、音乐、舞蹈、书法、绘画、篮球、足球、羽毛球、乒乓球、象棋、军棋、跳棋、跳绳、舞龙等。在这里，每个学生都能选择自己感兴趣的项目参加。每周二下午七年级、周四下午八年级分别拿出两节课组织活动。社团活动丰富了校园文化氛围，提高了学生综合素质，促进了校园文化的传承。烟店镇中学学生在全市文体比赛中屡获佳绩。四年来，在全临清市中学生语文、英语"朗读者"比赛中，有19名同学获得一二等奖；在全市中学生棋类比赛中，15名同学获得象棋、跳棋或陆战棋奖项；40名学生在全市初中体育比赛中获奖，而校女子篮球队更是获得了全市初中篮球联赛第三名的佳绩；女子足球队同样在联赛中获得了全市第四名的好成绩，都创造了烟店镇中学的历史。

第二章　思维澄清课堂建构过程素描

思维澄清课堂是我们在追逐课堂从有效到高效的过程中提出的概念。这概念来源于实践，是我们在教学改革实践中总结和提炼的结果，对我们所探索出的乡镇初中差异化教学的概念和思想起到统摄的作用。它是我们关于乡镇初中教学差异化教学认识的总概念，同时也是一个发展的概念。随着我们对乡镇初中差异化教学认识的逐渐加深，它的内涵也在不断地丰富。

"核心概念是位于学科中心的概念性知识，包括重要概念、原理、理论等的基本理解和解释"[4] 掌握一个核心概念，从学理上可以分为三个层次。第一个层次是知道（know），主要的任务是知道这一概念的内涵和外延，主要是指事实性、概念性、程序性和元认知等方面的内容。第二个层次是理解（understand），主要指观念性方面的知识。第三个层次则是如何去做（do）。

要深入理解思维澄清课堂这一概念，至少要了解它产生的现实土壤、思想来源、基本理念、操作流程和实践过程中应该注意的问题。

第一节　思维澄清课堂的现实孕育

思维澄清课堂是在烟店镇中学教学改进过程中逐渐形成，它既是一个原生的概念，也是一个不断发展、逐渐完善的概念。我们一直坚持认为，教育是一个相对保守的行业，对基层学校来说，学校的基本教育行为，国务院和地方政府部门已经用各种法规进行了基本的规约，某种意义上，校长管理学校就是带着镣铐在跳舞。学校的中心工作是教学，教学质量的高低永远是衡量一所学校办学质量的核心指标，而教学质量的高低在很大程度上又决定于课堂教学质量，因此，向四十五分钟要效益是永恒不变的法则。烟店镇中学

---

4. 张颖之，刘恩山，核心概念在理科教学中的地位和作用——从记忆事实向理解概念的转变［J］. 教育学报 .2010，（1）。

的教育教学管理改革的核心就是课堂教学改革，思维澄清课堂的建构是烟店镇中学教育教学改革的最重要成果，而这一成果真正产生效益却要受到整个学校文化和管理水平的影响。不断改进、完善的学校文化和管理体制就是思维澄清课堂孕育的现实土壤。

一、整顿教学秩序，以制度推进学校复原

烟店位于临清市西南部，地处鲁冀两省、聊城、邯郸、邢台三市、临清冠县、馆陶、临西四县交界处。改革开放之前，烟店镇的乡民们也与全国大多数乡镇的乡民一样过着日出而作日落而息的田园生活。曾经的烟店镇中学也与其他乡镇中学一样有着自己相对固定的生源、相对固定的师资队伍，同样也有着与其他乡镇中学一样的社会地位。

20 世纪 70 年代中后期至今，烟店镇从轴承地摊、轴承市场、家庭作坊一步步做起，逐渐形成了轴承产业，形成了重商文化。乡镇经济发展了，但烟店镇中学教育质量却逐渐走向了凋零，成为临清市初中教育综合评估的倒数学校。2019 年临清市教育局对烟店镇中学领导班子进行了调整，上任之始，教育局长与我谈话时提出的目标就是摆脱倒数后三名。谈话时，作为校长，对这一目标内心并没有太大的压力，但报到上任后，现实却对我的信心给了狠狠地打击。

暑假期间，正值雨季，整个校园水深接近膝盖，呈现在面前的是一片"汪洋"。大雨过后几天，地面才逐渐露出了模样：一个杂草丛生的操场，两间苍蝇乱飞的旱厕，三栋新新旧旧的楼房，还有一座墙壁裂缝的餐厅。开学准备时，学校对近三年的中考成绩进行了统计，升入临清高中的人数寥寥无几。班子成员介绍说优秀生源流失严重，班级实际到校人数不足。

当时我们确定的办学策略是：整顿教学秩序，留住优秀生源。采用的第一项措施就是到所划分招生片区进行招生宣传。当时的烟店镇中学并没有什么值得宣传的内容，我们采用的策略就是"画大饼"和"许大愿"。"画大饼"就是向家长描述新领导班子将怎样整顿教学秩序，描述学校的办学愿景和办学目标，描述如何进行课堂教学改革。"许大愿"就是保证每位学生能够得

到公平的对待、保证每位学生都能得到自己应有的发展，保证前三分之一的学生能够考上临清一中。2019 年秋季，通过招生宣传，我们把大部分想进入民办学校和找关系进城里学校的学生留在了烟店本地，烟店镇中学招生首次突破了一千人。

有了招生规模，下一步的工作就是稳定住现有的生源。当时采取的主要策略就是整顿教学秩序。制定教职工上下班签到制度，采用了半天无课日集体备课制度，实行了主要领导听课制度。为了进一步强化学校领导班子的执行力实行了级部责任制，学校成立了教学管理中心、教师发展中心、学生管理中心、学生发展中心、学校发展中心等五大中心，各位副校长和校长助理任中心主任，加强了监督检查的力度。经过三年的整顿，学校恢复了正常的教学秩序，教学成绩也恢复到了正常的水平。2022 年中考发榜，有 3 名毕业生进入临清市前 300 名，烟店镇中学中考成绩排名变成了倒数第三。

二、引进 SWOT 工具，确立学校发展战略

三年的整顿复原，也是我们学习先进经验、充实完善自己的过程。在充实完善自己的过程中，我们认真研究了成功学校的办学经验，发现了一个规律，即那些成功学校的背后都有一个强大的理论团队支撑，这就是所谓的"读万卷书，行万里路，不如仙人指路"。我们是幸运的，2021 年我参加聊城市乡镇初中校长培训班，此次培训由聊城大学教育科学学院前院长于源溟教授主持和设计，此次培训设计非常接地气，简直就是为了聊城市乡镇初中的实际状况量身打造。于源溟教授全程主持，做了校长生命动力成长和乡镇初中改进两个工作坊。我发现于源溟教授是一位既有深厚理论素养，同时又具有丰富初中学校改进经验的学者，他正是我们需要的"仙人"。后来随着合作的深入，于教授告诉了我他当时的想法，其实当时于教授判定我还是一个乡镇初中教育和管理的"新手"，但最后促使他下决心与我们合作的原因是我的情怀感动了他。通过"外脑"的引进，我校的教育教学改革进入到了快车道。

于教授进校后做的第一件事就是引进 SWOT 分析对学校进行诊断。SWOT 分析法又称为态势分析法。早在 20 世纪 80 年代初由旧金山大学的管理学教授

韦里克提出，它是一种能够较客观而准确地分析和研究一个单位现实情况的方法。SWOT 是 STRENGTHS（优势）、WEAKNESSES（劣势）、OPPORTUNITIES（机会）和 THREATS（威胁）四个英文单位的缩写。它是一种对外部环境的威胁和机会进行分析辨别，同时估量组织内部劣势与优势，从而制定战略计划的方法。SWOT 分析法的重要贡献是用系统的思想将似乎独立的因素相互匹配起来进行综合分析，使得战略计划的制定更加科学全面。

2021—2022 学年寒假，利用春季开学前的时间，学校组织了中层以上干部（校委会、年级主任、学科主任、年级备课组长、五大中心骨干成员）工作坊，对学校的办学状况进行了 SWOT 分析。SWOT 分析包括三个步骤，即环境因素分析、构造 SWOT 矩阵和制定战略计划。

环境因素分析包括外部环境分析和内部环境分析。工作坊中，把参训的人员分组，各组围绕着学校的地理环境、学校规模、硬件设施、管理队伍状况、教师队伍、学生状况、家校合作、地方资源、教育政策、课堂教学、学校文化、学校特色、学校品牌等因素，从优势、劣势、机会和威胁等方面对学校进行分析，构造 SWOT 矩阵，填写 SWOT 分析表（见表 2-1）。

表 2-1　烟店镇中学 SWOT 分析表

学校内部条件		学校外部条件	
优势（S）		机遇（O）	
劣势（W）		威胁（T）	

通过个人填写、小组讨论汇总、各组交流、教师发展中心整理汇总，形成烟店镇中学 SWOT 矩阵。

烟店镇中学的优势（S）：

1. 学生人数超二千人，具有办学的规模效应；

2. 经过二年多的教学秩序整顿，学校办学态势基本正常化；

3. 以年级管理为主体，五大中心为监督的学校管理体系效率较高；

4. 烟店镇经济状况较好，能够为学校提供相应的经济支持；

5. 学校的中老年教师水平与其他乡镇差距不大；

6. 学校新领导班子团结，得到了广大教职工的认可。

烟店镇中学的劣势（W）：

1. 优秀学生流失严重，学生两极分化严重；

2. 虽然学校办学基本正常化，但并没有形成组织行为习惯；

3. 课堂教学重心过高，大部分学生跟不上进度。课堂中仍然是教师讲授为主，互助学习流于形式。

4. 相较其他乡镇，青年教师的素质相对较低。

5. 学生成长教育不系统。

6. 教师和学生都没有过上有尊严的学校生活。

烟店镇中学的机遇（S）：

1. 党中央和国务院实行的乡村振兴战略及乡村教育发展重要决策部署；

2. 山东省实施的教育强镇筑基工作。

烟店镇中学的威胁（T）：

1. 随着出生率的下降，几年后将会出现生源减少问题；

2. 民办学校无序招生、优质城市学校招收插班生严重破坏了教育生态。

依照 SWOT 矩阵，就可以清楚地发现问题。根据急需、关键和可行的原则，各组通过头脑风暴概括出了下一步需要解决和可能解决的问题。通过全体交流，工作坊导师引导，归纳出学校急需、关键和可能解决的问题。

1）培育良好的组织行为习惯；

2）改进课堂教学，提高课堂教学质量；

3）初中学生成长体系的建构。

通过工作坊的激发，校委会提出三年的发展目标、三步走的发展战略。

三年发展目标：

通过三年奋斗，力争在全市（临清市）初中综合评估和学业质量监测中进入乡镇中学前五名。

三步走发展战略：

第一步，建立教师一日行为常规和学生一日行为常规。

第二步，利用一年半的时间实现课堂教学转型。

第三步，在前两步逐步成型后，完成学生成长课程的建构。

三、建立常规，形成学校组织习惯

经过三年的教学秩序整顿，烟店镇中学的各项工作已经走上正轨，但远远没有达到自动化的程度，也就是说，学校的管理文化没有真正形成。通过引进 SWOT 工具诊断学校，确立了学校三年发展目标和三步走发展战略。经过校委会讨论、校代会通过，发展战略的第一步就是建立教师一日行为常规和学生一日行为常规。

建立教师一日行为常规和学生一日行为常规，其目的就是建立养成烟店镇中学的组织习惯。"组织习惯无时无刻不在影响着组织的生存和发展"，"形成一个习惯的过程，变革的过程"，"所形成的良好习惯，才是组织最强大的竞争力"[5]，"习惯是一系列自动化的动作，是在掌握动作程序并反复练习的基础上逐渐形成的。"[6]要形成良好的新的组织习惯，首先要明确要形成什么样的习惯，其次是要进行全员培训，再次是要反复地实践。

建立教师一日行为常规和学生一日行为常规，是烟店镇中学建立新组织习惯的抓手和切入点。消除组织的消极习惯，培养积极的习惯都不是一件容易的事。如果没有变革的动力，是很难改变组织习惯的。变革的动力来源于内在动力和外在的压力。通过 SWOT 工作坊，中层以上的干部已经非常清晰地知道烟店镇中学的劣势、威胁和机遇，所有的中层干部已经感受到了所面对的内外压力。SWOT 工作坊起到了凝聚人心、激发动力的动员作用，但要想

---

5. 李乃文，刘嘉莹，组织习惯的变革思路［J］. 企业改革与管理 . 2005，（6）。

6. 同上。

形成良好的组织习惯，必须把这种动力传导给全体教职员工。基于此，校委会通过讨论决定举办全员参与的教师一日行为常规和学生一日行为常规工作坊。

工作坊培训的基本过程就是"解冻——流动——重冻"。第一步是"解冻"，即消退与以往团体标准的联系；第二步是"流动"，即引进新的标准；第三步是"重冻"，即稳固建立新的标准。这一基本过程的思想来源于勒温的团体动力学。

2021—2022年寒假开学前的教师培训主题就是《烟店镇中学教师一日行为常规构建》和《烟店镇中学学生一日行为常规构建》。工作坊的参加对象为全体教职员工，工作坊的实施按照工作坊组建与破冰——讲师短讲——抛出问题——学员思考——小组讨论——班级分享——形成方案的路径进行。

工作坊组建与破冰阶段，按初一、初二、初三分为三队，各年级主任为队长，负责各年级学生一日行为常规汇总、梳理、组织年级讨论、定稿的工作。每队按余数法分为四组，全校分为十二组，学校领导随机分到各小组，各组推举组长、发言人、纪检委员、记录员。在组长的带领下，设计出本组组标、口号。各组分享，组长介绍组员并说出每位组员最突出的优点，发言人介绍组标和口号，全组高喊口号。工作坊组建既是为后续的活动组织提供保障，同时也是一种破冰和热身，是调动学习的积极性。工作坊组建与破冰阶段共用两个小时。

讲师短讲的内容主要包括初中生心理发展节奏和人一日生理节律变化规律。关于初中生的心理发展节奏，讲授的主要内容包括中小学发展的关键期及初中生三年发展的心理变化规律。关于一日生理节律，主要介绍了人（包括教师和学生）一天的生理节律发展规律及由此引发形成的学生心理变化的规律，介绍了一日生理节律变化规律与学生学校生活相交织而形成的教育关节点。初中生一日教育关节点包括：清晨关节点、阳光大课间关节点、下午第一节课前关节点、下午4至6点关节点、晚睡之前的关节点。对每个关节点，描述了此关节点学生的心理和生理状态，介绍了优秀教师的典型做法。讲师短讲共用时2小时。

短讲之后，讲师抛出了两个问题，即如何制定烟店镇中学教师一日行为常规和如何制定烟店镇中学学生一日行为常规。之后工作坊分为两个阶段，每个阶段用时 6 小时。

进入一日常规建构阶段后，工作坊按个人思考——小组汇总展示——小组互评——年级主任点评——主管中心主任点评——导师点评的顺序进行。德育发展中心全程录像、记录，留存资料备查。个人思考阶段要求每位教师在 A4 纸上列出解决方案，不同的内容所列解决方案的数量要求不同。小组汇总，首先由小组成员依次解说自己的方案，小组讨论取舍合并后由记录员写在大白纸上。展示阶段向全体工作坊成员展示。小组互评阶段由各小组推荐代表对汇报小组内容点评，点评组按 B 组点评 A 组、C 组点评 B 组的推磨方式进行。年级主任、主管中心主任和讲师分别从不同的角度进行点评。点评后各组修改本组方案，各年级收缴、汇总，形成年级方案。主管中心汇总、增删年级方案，形成烟店镇中学学生一日行为常规。烟店镇中学教师一日行为常规遵循同样的过程形成。

工作坊之后，主管此项工作的教学管理中心全面整理工作坊的各项资料，在各年级行为常规的基础上形成了初稿，之后学校召开了由校委会、年级主任、优秀班主任参加的研讨会。针对研讨会记录，教学管理中心形成修改稿，再经校委会讨论决定，教代会通过，形成了《烟店镇中学教师一日行为常规》《烟店镇中学学生一日行为常规》。

从 2019-2021 年教学秩序整顿阶段，学校颁布了系列文件，管理团队也全身心投入，学校取得了一定的成绩，但仔细反思后可以发现一些不足。从管理学的角度看，此阶段的工作动力主要来自管理团队的情怀，基本的手段就是"管"。这种"管"的状态，管理者与被管理者都非常累。管理者起早贪黑，还会引起部分教师的不满。被管理的教师们虽然并不理解校委会的所作所为，但学校要求这样做，他们也就被动的服从，有时表面服从内心抵触，有时变着法子应对检查。这种猫捉老鼠式的学校管理在激励性和发展性方面存在着严重缺陷，学校的发展已经到了由"管理型"到"领导型"过渡的阶段。

由"管理型"到"领导型"并不意味着摒弃管理，相反需要进一步强化管理，学校通过各种制度的实施，教师和学生逐渐养成良好的行为习惯。这里的领导主要是指课程领导，通过学校的引领启动课程改革，建构高效课堂。

第二节 思维澄清课堂建构

2022年上半学期，在全面启动一日行为常规养成的同时，学校成立了"烟店镇中学教学改革委员会"，委员会由校长任组长、分管教学工作副校长和分管教师发展工作副校长任副组长，校外理论专家、各年级主任、各学科主任、各年级学科备课组长、优秀教师任委员。高效课堂建构工作正式启动。

一、我们对课堂教学的理解

我们一直坚守这样的理念：教育的目的就是培养德智体美劳全面均衡发展的人。不管是德智体全面发展、德智体美劳融合发展，还是现在培养核心素养，教育就是促进人的发展，人的全面发展，人的均衡发展。但如何在学校教育中促进人的全面均衡发展，却是一个需要仔细思量的问题。我们需要思考这样的问题，德、智、体、美、劳诸方面中的哪些内容，是除了学校教育还会有其他类型教育去完成？什么方面是学校教育必须要完成的，错过了就很难弥补？学校教育对哪些方面的促进作用是最明显的？通过对上述系列问题的思考，我们得出了一个结论，即智育永远是学校教育的核心任务之一，德智体美劳融合发展中智育永远不能放弃。

当我们面向我们所经营的这所乡镇中学的现状思考时，这一理念就更加坚定。那些打架斗殴的学生，那些上课睡觉、课后不完成作业的学生，那些坚决不上学的学生，那些地下搞自媒体的学生，他们之所以放弃接受教育，根本的原因并不是不想学，而是学不会。我们坚定地认为课堂教学首先要使学习发生、使教学有效、使学生学会，其次才是追求高效。

二、剖析优秀教师课堂，思维澄清课堂效果初现

从发生学的视角来看，教学的过程就是以教学内容为中介，以学生为主体、

教师为主导的过程。虽然学习的发生是学生主动学习的结果，但教师的引导却有决定性的作用。烟店镇中学的教师普遍具有"为党育人、为国育才"的教育情怀，但其教学方式方法仍然沉浸在过去，仍然采用他们上学时的教师的教育教学方式方法。这些教学方式可以概括出几个特点：一是，教学重心高。教师教学的指向就是那些能够考上高中的学生，教学重心随着年级升高不断提高，初三教师就只关注前三分之一的学生。二是，教学节奏快。主要表现在两方面：一方面教学指向优秀学生，教学当然就是快节奏；另一方面是文科教学只满足于记住，理性教学只满足于浅表的理解，没有深入到思维方式的教学，教学过程缺乏反思环节。三是，集体教学得不到落实。班级教学看起来是在班集体中进行，其实就是一个教师对一群学生，学生之间没有联系，同侪学习没有发生。四是，教学方式单一。教师讲、学生练的教学方法导致课堂死气沉沉。

改变是必须的，但路径的选择却要慎重，因为在多年的教学生涯中，我们目睹了太多开始轰轰烈烈、不久即偃旗息鼓的失败案例。我们研究了四十多个成功的教改案例，调研了十几个失败的案例，得出了基本的结论，即那些成功的案例基本都是从解决学校痛点开始，边改边学边实验，最后走向成功。在与专家团队充分讨论的基础上，教学改革委员会确定了学校课堂教学改革的基本路径：剖析我校优秀教师课堂教学，完善优化我校优秀教师教学流程，形成我校高效课堂教学模式。

（一）描述高效课堂蓝图

我们所确立的课堂改革的路径其实质是：校长推动、专家引领、本土生成。这种生成的主体是教师，生成的空间是课堂。生成就是创造，创造的重要特点就是不可预测性，我们所期待的教学模式需要在反复剖析、不断实验总结、建构解构交替往复的过程中形成。人是有目的的动物，课堂教学模式建构作为一种生成性的活动，也有自己的目的性，没有目的的课堂教学模式生成是盲目的，也是无效的，为此必须制定一个蓝图。

在与专家团队沟通的基础上，我们对未来的课堂教学模式达成如下共识：

• 未来的课堂教学模式中学习必须真正发生。我们的口号是：要使每位学生每一节课都有所收获。

• 未来的课堂教学在容量和难度上必须是低重心的教学。我们的口号是：要保证 80% 的学生学会 80% 的内容。

• 未来的课堂教学必须是慢节奏的教学。我们的口号是：教学过程的慢即是快。

• 未来的课堂教学必须是深入到思维方法和思维能力培养的教学。我们的口号是：课堂教学的最终目标就是养成思维习惯、教给思维方法、培养思维智慧。

• 未来的课堂教学必须是思维澄清的教学。我们的口号是：教学要做到步步清、堂堂清、日日清、周周清、月月清。

• 未来的课堂教学是基于评价的课堂教学。我们的口号是：为评价而教、为评价而学。

• 未来的课堂教学是互助的教学。我们的口号是 教会别人是最有效的学习，互助就是教学相长，助人就是助己。

（二）剖析优秀教师课堂

剖析优秀教师课堂按照如下步骤进行：选择剖析对象——理论专家团队、实践专家团队和相关教师进班现场听课——集体评课，切分优秀教师课堂教学阶段，提炼教学亮点——提出改进措施，集体研讨下一次剖析课教学思路。

1. 优化剖析对象的选择

选择剖析对象是这一活动的起点，是保证课堂教学改进成功的基础。经研讨我们确立的对象选择原则是：第一，此教师的教学成绩必须是全年级前 2 名。第二，此教师是引导型教师，而非专制型教师。就是说这位教师的教学成绩是靠教学方法的科学性取得，而不是靠粗暴的管理和教学压榨取得。第三，此教师所在年级越低越好，不选择初三年级教师。为保证被剖析教师的代表性和质量，经协调把两位初三教师调整到了初一。

对于通过剖析本校优秀教师课堂、总结他们的经验来构建本校教学模式，教学改革委员会内部是存在争议的。反对者认为，烟店镇中学再优秀的教师也不具有代表性，他们的教学艺术不能成为学习的榜样，以本校优秀教师的经验梳理出的教学模式也不具有可推广性。既然要建立本校的教学模式，起点要高，不如研究全国著名教师的教学案例，也不如研究一师一优课的教例。支持者则认为"只有是本土的才是世界的"，本校的优秀教师虽然不是全国名师，甚至连地方名师都不是，但他们的教学主张、教学艺术根植于烟店镇中学这片土壤，有较强的适应性。剖析本校优秀教师的课堂，就是对这些教师的一种激励，同时也是对其他教师的刺激和激励。这些教师的课堂都是真实的不加表演的课堂，从教育科学研究的视角看此研究样本具有真实性。以剖析本校优秀教师课堂为起点构建烟店镇中学的课堂教学模式，在经济性、实效性和可推广性方面都具有优势，是一种比较优化的路径。经过讨论，学校教学改革委员会达成统一意见，烟店镇中学的课堂教学模式建构路径以本校优秀教师课堂作为剖析对象，全国著名教师优秀教例作为参考。

2. 改进听评课关注点

为了给教学模式的建构提供时间，学校引入"半天无课日"教研制度。每周三为"半天无课日"，落实集体备课制度。每周三，理论专家团队和实践专家团队进入课堂。上午听两门课，然后评课；下午再听两门课，再进行评课。

听课和被听课是每位教师职业生涯都会反复经历的事件，在反复的经历中，教师们已经形成了一套话语体系。一般教师都是先从教学内容、教学过程，教师表现谈谈本节课的优点，再挑选一两个缺点说说。一般学校为方便教师听评课都会印刷听课本，这些听课本在方便教师记录和发言的同时，也会限制了教师评课视野，听课评课最后往往会流于形式。我们烟店镇中学也印制了本校的教师听课本，下面是一节课的表格。

表2-2 听课、评课记录

学校		授课人		日期	
年级		科目		课题	
教学过程摘记			印象随记		
总体评价意见					

在听课本的前言部分，对听课提出了相关的要求。

教师听课的几个关注点

给学生一个愿意上课的理由，给教师一个发展的平台，让家长满意我们的教学过程和结果。

一、学生课堂表现

1. 观察学生是否充分预习，是否情绪饱满，是否对新课充满期待。

2. 听讲情况：有多少学生能会倾听教师的讲课，同学的发言。

3. 合作情况：是否积极参与到课堂合作学习。

4. 学习习惯：学生的学习习惯如何，自主学习、独立思考能力如何。

5. 课堂效果：学生掌握知识情况，是否能消化吸收、迁移应用甚至升华。

二、教师设计问题的能力

恰如其分的提问不但可以激发学习兴趣，活跃课堂气氛，还可以了解学生掌握知识的情况，而且可以开启心智，调节学生思维节奏，达成师生双向交流，提高课堂效率。通过提问，可以引导学生进行回忆、对比、分析和综合，达到提高学生综合素养的目的。但设计问题质量好坏很重要，好问题提纲挈领，事半功倍；差问题不得要领，事倍功半。教师应注意从以下三个方面入手设计问题。

（一）研究教材，目标引领问题

研究教材时，不仅要对教学内容所蕴含的意义如实把握和再现，更要对教学内容进行重新建构，并在建构过程中生成问题，问题应指向教学目标。

（二）研究学情，预见学习过程，鼓励创新思维

只有对课堂教学过程中可能出现的问题充分预见，才能更好地发现没有预见到的、具有创新价值的信息。预见学习过程的前提是教师充分地研究、了解学生。

（三）关注问题生成后的呈现艺术

1. 鲜明性。让学习准确触及问题的实质，激发学习兴趣，发挥导向功能。

2. 渗透性。问题的呈现不生硬，不让学生感到无所适从，渗透到课堂教学大情境中，步步深入，符合接受习惯和规律。

3. 延迟性。在学生积极学习或思考时，提问可适当延迟，当学生有了独特感受再呈现问题，效果更好。

4. 共现性。提出问题的同时，将解决方法和对问题的评价提示出来，这应当说是一种有效的教学策略，但不可多用。因为这些方法和评价有时失之主观和片面，应更多地启发诱导学生完成方法的总结和归纳提升，这有利于了解学生个性化思维和激发学生开放式思维。

5. 激励性。激励学生大胆质疑发问，培养勤学好问的良好学习素养。

三、教师课堂教学艺术

（一）是否循循善诱

1. 教师提问的数量和覆盖要适度，满堂灌和满堂问都不可取，应留白、留思维空间，张弛适度。

2. 教师应根据教学实际，设计不同性质和目的的问题。常见教师提问类型：描述性问题、判断性问题、论证性问题。问题的目的：设问、诊断、检测。

3. 教师应适时变换提问方式，可面向全体，可个别提问。鼓励学生主动发问应答，慎用被动点式应答。通常情况下，教师个别提问，学生主动发问应答的效果更好。

4. 教师应准确判断学生所暴露问题的实质，判断清楚是理解性疑惑、判断性疑惑，还是实证性疑惑。要准确分析学生错误的根源，是知识性错误，还是表达错误（文字表达图形等），是思考不全面，还是未把握问题的指向。对症下药，授之以渔。

5. 教师让学生回答问题方式要灵活多样，可以口答，可以黑板演示，也可以通过学习答疑。根据需要，选择适合的方式。

（二）讲求评价艺术

1. 评价学生是否有针对性，及时有效。

2. 评价学生是否以激励为主，讲究艺术。

3. 是否注意引导学生进行自我评价，积极开展组内和小组间学生互评。

教师要高度重视学生暴露的问题和错误，不断丰富处理学生错误的方法。首先对学生回答问题的勇气应加以鼓励，可以旁敲侧击积极引导，也可换其他学生发表不同意见。教师可直接点拨指正，也可让学生作进一步解释和说明，让他充分暴露问题，深入查找错误根源。可由其他学生评价，暴露共性问题，也可由同伴补充完善（合作学习），最终明确正确解答。

（三）开展课堂互动，搅动一池春水

1. 互动类型：师生互动、生生互动、师班互动。

2. 教师推进互动过程的方式：问题推进，评价推进，非语言推进。

3. 互动管理：有效调控，不能放任。

4. 互动层次和范围：优等生、中等生、学困生展示次数应相对均衡。

5. 互动效果：优等生、中等生、学困生展示的质量应分类统计。

教学各环节关系：

课程标准＋学情➡教学目标（单元，课时目标）➡多版本教材＋课堂教学评价标准（特色）➡教学设计➡创造性实施➡教学反思、诊断、改进。

烟店镇中学的这个教师听课本是在借鉴优质学校的经验的基础，经过讨论修改而制定的，这个听课本对听课关注点的归纳有一定的科学性和合理性，在整顿教学秩序阶段起到了端正教师听课态度、规范教学听课行为的作用，对完善"半天无课日"教研活动起到了支撑作用。

但认真审视此"听课关注点"，可以发现它存在的不足。从师生关系来看，明显体现出了以教师为中心的倾向。表面上看是教师主导，其实关注点主要是看教师的表演。虽然第一条就是观察学生的课堂表现，但既没有要求分析这些表现所代表的意蕴，也没有要求分析产生不良表现的原因，当然也就不可能分析解决方案。从教学过程看，对教学环节关注不全。没有关注教学目标是否合理，没有关注学生的学习效果，没有关注教学评价。从其体现的教学模式看，仍然是传统的教学模式，即教师靠提问推进教学，间或辅以小组讨论。

为建构新课堂教学模式，对教师已有的惯常听课习惯必须重新格式化。而要重新格式化听课注意点，就必须要有新的听课注意点。在新课堂教学模式建构之初，已经描汇了新高效课堂的蓝图，依照蓝图，教学改革委员会重新制定了"六个是否"的听课注意点，教学重心是否合适？教学步子是否过大？教学推进是否匆忙？生生互助是否频繁？学生反思是否到位？教学内容学生能否掌握？这六个"是否"随着改革的深入逐渐演化成了思维澄清课堂的"十八字秘诀"。

3. 边听课评课总结提升，边形成思维澄清课堂架构

思维澄清课堂的形成可以分为三个阶段，即循环大听写和知识前探普及阶段、思维课堂结构形成阶段和"同心互助"教学技术形成阶段。

普及"循环大听写"和"知识前探"

循环大听写是在剖析文科优秀教师课堂教学的过程中用两周的时间提出的。在听课评课中发现，几位成绩优秀的教师都特别注重知识"前联后钩"。所谓"前联"即特别重视知识的复习，所复习的内容有的与本节课有关系，有的与本节没有关系，纯粹就是为了保持对知识的记忆。根据新三维目标（KUD），学生知道了知识、理解了知识，如果记不住仍然是没法运用，因此

保持记忆，保持所学知识在大脑中的活性是教学过程必须要做的事，为标识这些优秀教师的经验，我们提出了"循环大听写"这一概念。

在听评数理化等理科优秀教师课堂教学时，发现他们普遍重视听讲授新知识与旧知识的联系，优秀教师在讲授新知识前会用较长的时间复习与新知识相关的知识。带着这一发现再去听文科优秀教师的课，发现文科优秀教师具有同样的特点。为标识优秀教师教学的这一特点，我们把它命名为"知识前探"。

"循环大听写"和"知识前探"概念的提出时间是课堂教学改进正式启动的第二周。经过集体研讨，初步确定了"循环大听写"和"知识前探"的基本流程。

"循环大听写"规定了所用时长（开课前6-10分钟）、听写内容选择及容量控制（基本要求是根据艾宾浩斯遗忘曲线选择听写内容，具体的知识类型、容量由各门课程自行规定。规定凡是本次听写错误率较高的知识必须要进入下一次听写内容）、听写的方式（教师主导、两名或四名学生"爬黑板"，其他学生独立听写，听写时的书写规范，包括书写如何划区、书写速度、每行几个字，行间距等由各门课程自行规定）、听写的过程（教师读、学生写、教师订正"爬黑板"学生的书写、同位之间及爬黑板学生之间互改、学生自我订正、在改错区重新书写正确答案）。

"知识前探"对烟店镇中学的课堂教学特别重要，有着重商主义传统的烟店镇的家长们，对学生学习重视程度不够，那些特别重视又特别富有的家长就会把孩子转到民办学校和城里学校，烟店镇中学留下的学生其小学基础知识普遍不牢。"知识前探"的原则是"就近顾远"。"就近"就是前探的知识尽量要少，以能够保证80%的学生听懂新授知识为标准。"顾远"就是如果大部分学生理解不了"前探"的知识，可以适度再往前探，原则还是保证80%的学生能够听懂新授知识。

"循环大听写"和"知识前探"两大策略提出后，教学改革委员会要求各学科主任，领导本学科制定出本学科两大策略的具体实施流程，并在第三、第四周课堂逐步落实。第三、第四周的"半天无课日"集中打磨。

经过两周的实验推广，教师普遍接受了"循环大听写"和"知识前探"两大策略。四周的改革后，迎来了月末联考。为了过程性监控教学，烟店镇中学与两所乡镇优质学校和一所城里优质学校组成了教学联盟，月末联考是联盟的一项重要活动。课堂教学改进之前，烟店镇中学的成绩总是第四名，倒数第一，并且离第三名的平均总成绩至少要差30分以上。本次月考，我们仍然是第四名，但总分已经缩小到13分，课程知识系统性、逻辑性较弱的学科中有三分之二的学科单科成绩已经超过第三名。更为可喜的是，被选为剖析对象的优秀教师，即执行两大改革策略最彻底的教师成绩提高幅度最大，有的剖析对象成绩达到第二名，即乡镇中学的第一名。改革红利已经展现，教学改革委员会对月考成绩进行了系统分析，召开全体教师大会，表扬了那些进步特别明显的教师，颁发了证书和奖品（企业组织和提供赞助）。改革红利的出现，促使教师内心开始认同改革，开始欢迎专家团队的指导，这就为下一步课堂教学的转型打下了群众基础。

思维澄清课堂建构

月考之后，召开校教学改革委员会全体大会，回顾了改革之初所描绘的课堂教学改革蓝图，分析了课堂教学改革的现状，经过反复争论达成共识。决定我校的课堂教学改革要进入思维澄清课堂建构阶段，构想了思维澄清课堂的基本理念、教学流程及步骤、思维澄清的基本策略。这一构想与蓝图存在着一定差异，只是蓝图的缩减版，基于评价的课堂教学、互助式小先生制等改革的难点并未提到。之所以要采用这样的策略，教学改革委员会认为，虽然经过三年的整顿和两个月的高效课堂教学改革，通过成绩的提高教师们找到久违的职业尊严，也激发了教师投入课改的热情，但是积重难返，改革的步子如果迈得太大，教师会很难适应，很可能会因为难度太大而产生畏难情绪，也可能会因为改进的失败而影响积极性。

思维澄清课堂的建构，采用了"循环大听写"和"知识前探"同样的策略，即反复剖析优秀教师课堂、引入新的理念、梳理教学流程、切分教学阶段、探索思维澄清的方式方法，形成了思维澄清课堂雏形的基本架构。

基本理念：低重心、小步子、慢推进、多互助、勤反思、步步清。低重心要求教师在选择教学内容时要保证80%的学生基本能够学会。小步子有两层含义，一是与低重心相联系，知识的增长要尽力减少坡度和难度。二是指知识选择以前80%学生能够学会为标准，一步一步把80%的学生教会。慢推进是指每个知识点、每个知识点中的每一小步、整个的教学进度都以学生掌握为标准，不为赶进度而加快教学推进速度，宁愿不复习也要让学生掌握新知。多互助是指要充分发挥"同心互助"的功能，发挥兵教兵的作用，结对互助共同成长。勤反思是通过元认知策略的引入，养成学生反思的习惯，达成深度学习和高效学习。步步清是对教学流程中每一步的要求，要求教学流程中的每一步都要使80%的学生学会本步的全部内容。

教学流程：概括起来就是"五段N步四助三反"。"五段"指知识激活与保持——新知探究与理解——典型例题精讲——变式练习——总结反思。"N"步指各门课程可以根据学科特点探索出自己的教学步骤。"四助"是指在知识激活与保持、典型例题精讲、变式练习和总结反思四段中要充分行发挥小师傅的作用，实行"同心互助"。"三反"指在典型例题精讲、变式练习、总结反思三步中要进行反思总结。

以思维澄清课堂雏形的基本架构为观照，继续利用半天无课日，听课评课、梳理各学科教学流程，到期中考试前，九大学科（语文、数学、英语、物理、化学、生物、历史、地理、思品）新授课教学模式基本形成。

随着思维澄清课堂新授课教学模式的逐渐形成，检验这一教学模式的"大考"也随之到来。按常规，全临清市每当期中就要组织全市初中期中学业水平检测。我们是带着惴惴不安的心情组织期中学业检测考试的，但学业检测成绩的公布却给了我们很大的惊喜。在全市乡镇初中的比较中，参与课改的初一和初二名列第14名，从倒数第1名变成了倒数第7名。这一成绩的取得，极大地提高了教学改革委员会和全体教师的信心。总结表彰大会之后，教学改革委员会组织了讲评课教学模式工作坊，进行了各学科讲评课教学模式建构。工作坊后，各学科在学科主任的带领下进行了认真修改，形成各学科讲评课教学模式初稿。本着"慢推进"的原则，教学改革委员会要求初一、初二所有学科要用 3～5 课时讲评试卷，讲评课的内容要精选、要多用"同心互助"、要多用反思技术。试卷讲评结束，各学科进行了头脑风暴式研讨，对讲评课教学模式进行了反思和修正，形成了烟店镇中学各科讲评课教学模式。

之后，我们仍然坚持着半天无课日，继续剖析着教师们的课堂教学，完善着新授课教学模式。此阶段与前一阶段不同的是，被听评课的对象扩展到全体教师，通过自愿报名或者学科组指定，被剖析的教师越来越多。下半学期月考之前的半天无课日，教学改革委员会安排了复习课教学模式建构工作坊，专家在短讲之后，各学科组进行了复习课教学模式建构，经过修改形成了本门课程的复习课教学模式。教学改革委员会要求全体教师月考前的复习按新复习课教学模式进行，并在复习周的半天无课日进行了听评课。

月考之后，新冠肺炎防疫形势越来越紧张，集体活动被迫停止。之后，思维澄清课堂的锤炼和提升工作随着疫情防控节奏而时紧时松，疫情时期被迫停止。大规模的教学改革虽然被迫停止，但思维澄清课堂的种子已经播下，按学校的要求，大部分教师仍然坚持着新模式的探索，学业检测的名次也在稳步提高。在此期间，临清市教体局教研室两次破天荒地在我校召开了教学改革现场会，我校教师们也受邀参加了《中国教师报》在邢台举办的课程博览会，一批教师参加了县级和市级教学能手和优质课的评选。

2023 年伊始，"疫过天晴"。思维澄清课堂的完善和优化工作重新上路。由于此期间学校出现了点意外情况，"思维澄清课堂"的推进的力度并不大，但期末检测成绩仍然提高了 2 个名次。

期末学业检测考试后，学校工作恢复到了常规状态。利用期末学业检测批卷的间歇时段，召开教学改革委员会全体大会，总结了思维澄清课堂建构的经验与不足，制定暑期培训计划和 2023 年下半年的教改计划。

思维澄清课堂建构经验

• 采用边剖析、边梳理、边实验、边整理的教学模式，生成策略对烟店镇中学具有较强的合理性，参与的教师有获得感，本土生长的经验有利于推广。

• 教育理论专家与本校教学骨干共同组成的教学改革委员会机制富有成效，

值得继续坚持。

• 以点带面的教学改革经验推广模式值得坚持。

思维澄清课堂需要进一步深化的部分

• 各学科的进展不平衡，教学改革委员会要加强薄弱学科的推进。

• 暑假和寒假两个长假期，对学生生活习惯和学习习惯的巩固起了明显"促退"作用。

• 各学科思维澄清的技术和手段需要进一步完善。

• 反思的技术和手段需要进一步规范化。

• 小组合作学习的技术和手段需要进一步规范和细化。

• 思维澄清课堂支持系统需要建构和完善。

教学改革委员会认为，烟店镇中学思维澄清课堂的建构阶段已经完成，从暑假开始应该进入到深化阶段。教学改革委员会分析出的 5 个需要进一步深化的部分，可以分为三个类型。

学科发展不平衡和长假期的促退作用是一种类型。解决这一问题主要靠学校领导班子进行推动。学科发展不均衡这一问题不难解决，谈话、检查即可完成。长假期的促退作用需要进一步专门的研究。

思维澄清的技术和手段、反思的技术和手段、小组合作学习的技术和手段是第二种类型。这三项技术和手段，是思维澄清课堂建构的重点和难点，也是其特色和优势所在。

思维澄清的技术和手段、反思的技术和手段牵涉到脑科学、认知科学、元认知理论、学习监控理论，要全面掌握、灵活运用，需要一定的理解力和创造性，因为通过剖析优秀教师的课堂进行建构的方法，不能解决此两项技术的建构问题，教学委员会决定采用理论专家设计、全体教师培训、优秀教师试验的方式的进行。在思维澄清课堂的巩固阶段，此两项技术的开发可以先放一放，可放到 2024 年上半年解决。

小组合作学习是目前大部分学校熟悉的一种教学方式，烟店镇中学也进行过学习推广，但学校并没有进行系统的研究，只是听听专家的报告，看看实行者的课堂。因此各位教师按照自己的理解进行操作，从分组原则、小组人数、合作方式、合作时机选择、小组评价等方面，教师们各行其是、五花八门。经过学生问卷调查发现，大部分学生认为小组合作学习没有效果，只是为学生上课说话和放松提供了机会。虽然在改革之初，教学改革委员会的理论专家已经发现了我校小组合作学习的弊端，但考虑到师生已经相对熟悉，是教学推进的必备手段，为保证新课堂教学模式的建构，就是没有触及原有的小组合作学习方式。但在思维澄清课堂建构的巩固和深入阶段，优化小组合作学习已经成为当务之急。教学改革委员会决定2023年下半年的重要工作就是攻克小组合作学习无效这一难题。

思维澄清课堂支持系统建构问题是第三种类型。教学秩序的整顿、师生一日常规的建构与训练，都属于思维澄清课堂的支持系统。但教学改革委员会认为，此前的各种改革更多的是着眼于管理和规训，对学生的精神成长作用不大。学生需要全面的发展，教学改革既要抓住智育这一最能反映学校教育本质的方面，更要注重学生精神的成长和全面的发展。教学改革委员会决定要开发烟店镇中学初中生成长课程和启动学生社团建设工作。

第三节　研创学生成长课程　建构"同心互助"学习方式

一、改变寒暑假作业布置方式　实现初中生寒暑期生活课程化

暑假和寒假对学生的学习习惯和学习方式，之所以会起到促退的作用，主要的原因有两个：一方面是对于长假期的认识。教师、学生、家长对长假期的认识是存在差异的，另一方面一般学校没有对长假期作用进行专门的研究和利用。

教师们一般认为，长期的脑力劳动之后，适当的休息和体力锻炼有利于学生成长，但长假期也要保持适当的文化课学习，同时长假期也是中等生和后进生奋起追赶的好时机。学校通常的做法是放长假之前，班主任会召开了

一个主题班会,主要内容是强调一下假期的安全事项(包括防溺水、交通安全)、假期的生活安排、假期对学习的重要性。各学科教师会布置假期作业,一般形式是作业条,把学生假期的作业印在作业条上。第八轮课改之前,作业主要是学科学习内容,第八轮课改之后会增加一些体验性、实践性和研究性的内容。假期结束后,负责任的教师会进行一定的检查,大部分教师只是收起来,翻一翻,就会发下去,或束之高阁。

对初中生来说,真正对知识学习感兴趣、有较强自我约束力的占少数,大部分学生还没放假就计划如何玩。对假期作业往往会出现这样的情况:

许多学生的假期出现前松后紧的现象,具体说来,一放假就疯玩。虽然在家长的督促下也会做一些作业,但因为是假期,家长和学生都认为玩一玩是可以的,所以当玩耍与学习产生矛盾的时候,学习总是让位于玩耍。假期快结束时匆匆赶作业,实际效果很不好。

之所以会出现如此的情况,主要原因:第一,长假期作业无计划性。教师分科布置,各行其是。只是布置要完成的内容,至于什么时间完成,什么时间检查则往往语焉不详。第二,假期作业完成与检查反馈间隔时间过长。只布置不检查反馈,等于没布置。

对于家长来说,内心当然希望孩子在假期能够好好成长、好好学习。优秀的孩子能够更上一层楼,中等后进的学生能够迎头赶上。但忙于生计的家长们,要么不懂如何管理孩子,要么没有时间管理孩子。有的家长会规定学生什么时间学习,至于怎么学习、怎么检查则茫然无知。学生往往是边学边玩或者只玩不学,不仅没有学习效果,反而会养成拖延习惯。一般家长则是不管不问,大好的学习时光被白白浪费。

学校的假期之所以不能与社会同步,可能有如下的原因:一是气候因素的影响。寒暑假的安排考虑到了气候的极端情况,如夏季的高温和冬季的严寒。在炎热的夏季,学生面临中暑的风险,而在寒冷的冬季,学生需要保暖以防感冒。二是学生健康和安全的需要。学生正处于生长发育期,长期的脑力劳动可能对其成长不利,他们需要一段时间的休息和体力上的休整,以便更好地准备新学期的学习。三是学习新知识和技能的需要。假期为学生提供了探索社会、丰富阅历、接近大自然的机会，有助于他们全面发展。四是有利于教师备课和学校调整。教师也需要时间来准备下学期的教学内容，调整教学方法，学校也会利用假期进行师资力量的调整[7]。

根据长假期的特点，教学改革委员会提出了"假期生活课程化"的思想。假期生活课程化思想的提出，是基于我们对学生假期生活的基本认识。非假期时间学生所过的是"学校生活"，假期时间学生所过的是"家庭生活"。两种生活是学生成长过程需要反复经历的，不同的生活对学生的成长有不同的作用。我国教育目前的状况，是从国家到地方、到学校都非常重视学生的"学校生活"，而不重视学生的"家庭生活"。有人会说目前所谓的"家庭教育学"、"家校合作"不就是重视学生的"家庭生活"吗？如果我们仔细分析目前流行的"家校合作"，不管是叙说的角度，还是实际的做法，其实都是围绕着学校教育而展开的，根本没有触及长假期学生的"家庭生活"。

"假期生活课程化"是指要全面系统地安排学生的假期生活。具体包括假期时间管理的课程化、假期课业学习的课程化、假期生活安排的课程化、假期社会体验活动的课程化。

基于以上认识，教学改革委员会于 2023 年 6 份通过工作坊的研讨，进行了烟店镇中学学生"假期生活课程化"的初步规划和实施。

（一）职业生涯规划与时间管理培训

这一项活动是在学生暑假离校前开展的。在学生发展中心的指导下，各年级开发出了"职业生涯规划与时间管理"主题班会，主要内容是如何进行职业规划，根据自己的职业规划如何过好暑假生活，暑假中如何管理自己的时间。通过这一活动，结合各年级开发的课程化暑假作业，每位学生制定出暑假生活计划，制定出自己暑假作息时间表。为了使学生更好地管理自己的时间，引进了苏联著名学者柳比歇夫记录时间的策略，在每日作业的最后，为学生设计每日时间记录表，要求学生每日忠实地记录自己的时间利用情况。

（二）课程化暑假作业设计

课程化暑假作业包括三个部分，即学科作业、家务劳动作业和社会体验

7.https://answer.baidu.com/answer/land?params.

作业。

学科作业要求各年级各学科把暑期作业安排到每一天，设计好后，电子版交给年级教务员，教务员按日期、各学科内容、每日时间记录的结构编辑成册，学校负责印刷，学生人手一册。学生要按作业手册的要求，每日保质保量完成作业，并提交到各自班级的学科群中。如果学生因外出、参加劳动或参加体验活动，当天不能完成，必须在本周周末之前补上并提交到学科群。数学、物理、化学三个学科开展了"我是小讲师"活动。数学要求每一天讲一道题，录制成视频上传学科群。物理和化学两个学科每三天讲一道题，录制成视频上传。英语学科要求每天高声背诵一个典型例句，录制成视频上传。每天作业提交的检查工作，由"同心互助"大组的组长负责，主要任务是检查本组成员是否按时把作业提交到学科群中，并督促不能按时提交的组员。数学、物理、化学、英语课代表负责统计"我是小讲师"活动视频提交情况，每周末提交统计表。任课教师要抽出时间浏览学科群，到周末要录制一个微课，总结作业的完成情况，简要解答共同性的问题。班主任负责学生时间表的检查，每周录制一个微课，进行总结和反馈。学校教学管理中心负责各学科群的督查，两周出一期简报。

家务劳动作业和社会体验作业在"职业生涯规划与时间管理"主题班会过程确立，确立后计划上交班主任。假期结束时，要求写出个人总结，上交班主任。

二、开发社团活动　全面提高学生素养

高质量课堂教学是一所学校存在的理由，但高质量的课堂教学并不是目的而是手段，其最终要指向学生核心素养的发展。课堂教学虽然是学生核心素养涵养的主渠道，但不是唯一的渠道。学生核心素养的涵养需要多种渠道，需要丰富多彩的活动，而社团则是各种活动的基本载体。社团的组成基于兴趣出于自愿，对丰富学生的学校生活、充盈其精神世界、开发各种专长，作用巨大。社团与课堂教学存在着相辅相成的关系，学生在社团中形成的自我效能感、克服挫折的意志力、正面阳光的心态，能够为其课堂的学习提供丰

富的正能量。

烟店镇中学虽然地处轴承经济发达的烟店镇驻地，但学校的办学条件相对仍然比较落后，能够为学生开展社团活动提供的空间非常有限。教育就是一个资源有限但创意无穷的事业，教学改革委员提出，要使每一位学生每一周都有一次机会参与社团活动的机会。

根据学生需求，开始社团活动。学生的需要，就是学校开展活动的前提。2023年暑假，经过教师发展中心艺体室成员提议，校委会认真研究，决定在本学期开展社团活动。艺体室设计学生参与社团调查问卷，设计社团参与项目，下发到各班级家长群，由学生及家长共同填写。通过报名参与，全校85%的学生参与活动，根据报名需要，进行整体分组，分别有跳棋、五子棋、象棋、陆战棋、舞龙、乒乓球、篮球、羽毛球、课本剧、足球、书法、绘画、合唱等13个社团，为开学后进行社团活动组织，为组建社团指导教师做好准备。

根据师资力量，开展社团活动。学生参与社团分组完成后，我校根据学生参与社团需求，在全校范围内组织教师参与社团指导。全校121名教师，七年级36人，八年级39人，九年级24人，共计99名教师开始参与社团活动的指导工作，参与社团的指导教师，根据自己擅长项目，结合自身特点，积极参与社团活动。指导教师在参与活动中，学校大力支持，尽力满足开展活动需要。

通过社团推进，获得较好反馈。社团活动在我校属于新生事物，学生根据需要报名、指导教师根据自身特点指导，师生和谐，有利于社团活动的顺利开展；同时，在每周二、周四的社团活动专门时间，同学们表现出极大地乐热情，按时到位，积极练习技术，乐于听从指导教师指导，努力学习各种技能。每逢社团时间，就会看到学生脸上洋溢的阳光，就能感受到社团活动学生的笑容。通过社团活动，学生体能得到提升，技能更加熟练，干劲更加充足；通过社团活动，从中选拔出一部分专业能力较强的学生，从事艺体活动专门训练，为学生考学和参加上级组织的各种比赛，准备了专业人才。

在一个学期的社团推进中，我们一边积极开展社团活动，一边总结开展活动中存在的问题，及时进行反思，希望本活动获得更好的发展，从而促进学校开展社团活动，促进师生健康、快乐成长。

三、研发成长课程，丰富学生精神世界

初中阶段是学生思想品德和价值观养成的关键时期，养成良好的习惯、高尚的品德、正确的价值观和人生观是初中阶段教育的重要任务。作为一所办学质量较低的乡镇初中，从整顿教学秩序和狠抓课堂教学质量着手进行改进，从策略学的角度看无疑是正确的，因为只有课堂教学质量提高了，才能得到社会的认可，教师的教学生活才能过得有尊严。当课堂教学质量达到一定程度后，再继续就课堂教学质量抓课堂教学质量，成本与效益就会不成比例。此时只有从素质教育出发，丰富学生的校园生活，促使其精神成长，才能突破课堂教学的瓶颈，提高学生的学习成绩，培养学生的核心素养。

2022年暑假前的工作总结会上，教学改革委员会认为我校的教学改革已经到了从注重课堂教学质量提高过渡到注重学生核心素养涵养的阶段，决定利用暑期校本培训建构我校初中生成长课程。2022年8月上旬，举办了由学校领导、五大中心成员、年级主任、全体班主任、心理健康教育教师参加的"烟店镇中学初中生成长课程建构工作坊"。在工作坊导师的带领下，用三天时间，建构出各年级学生成长主题，搭建出烟店镇中学学生成长课程的主题框架。

成长课程由学年课程和每日课程组成。学年课程包括20个主题，每一学期10个主题，三年共60个主题。每日课程包括三个部分，即晨激励、午唤醒、晚反思。晨激励的主旨是利用清晨学生心理的空白状态，给学生灌输正能量，激发其努力学习的动机[8]。午唤醒就是利用宣誓、每周一歌、大脑的沉思训练等技术，收拢精神，为下午第一节课做准备。晚反思就是每日学习结束时，通过反思日记的形式，引导学生反思一天的学习生活。

经过2022年下半年一学期的探索和施行，对学生学习习惯、精神面貌、对事物的认知程度、同学关系、遵守纪律等多方面起到了明显的作用，学生得到了多方面的成长。

---

8. 于源溟，李富菊，教学激励时机选择策略［J］. 教育评论.1998，（4）.

四、探讨"同心互助"技术，实现课堂学习方式转型

思维澄清课堂克服了过度关注优秀生和简单机械训练的弊端，开始关注全体学生、注重思维训练。但严格意义上讲，它仍然是教师主导型的课堂，没有实现学生学习方式的转型。思维澄清课程要实现范式意义上的转型，就必须完成学生学习方式的转型。

我们研究了自欧洲中世纪即开始出现的"小先生制"，研讨了当代小组合作的大量文献，认为即墨二十八中的"和谐互助"课堂的"师友制"与我们所探讨的思维澄清课堂具有很强的契合性。但我们在思维澄清课堂探索的初期，并没有引入"二人制"小组合作方式，原因有二：第一，在各种培训和学习中教师已经接触到小组合作学习，有很多教师也在探索性的运用。当教师对教学改革指导团队还没有产生充分信任时贸然引入新的小组合作方式，教师会产生抵触心理。第二，教学改进不能采用急风暴雨式的激进方式，教学思想和教学行为的转变需要和风细雨式的浸润，引进新的思想和方法需要把握准时机。

2023 年 11 月，我们对即墨二十八的"和谐互助课堂"进行了现场考察，聆听了李志刚校长和两位教师的报告，进一步理解了"二人制"结对互助的原理，下定决心开始我校二人结对互助的实验。本着一贯的原则，仍然坚持了先个别实验再全面推广的策略。在初一和初二选择了四位愿意实验的数学教师，通过培训、听课、评课，四位教师不断改进，只用了一个多月就取得了明显的效果。四位教师的期末考试成绩均取得了明显的进步，"二人制"结对互助学习方式得到教师的普遍认同。2023 年 12 月，邀请李志刚校长一行来校现场培训和送课，对全体教师进行一天以"和谐互助课堂"为主题的培训。之后，马上购买了《"和谐互助"课堂解码》一书，利用寒假时间全员研读。为保证读有所获，各年级分别在寒假期间举行了网上经验交流会，每位教师都进行了发言。开学前的教师培训中举办一次全校性的读书经验交流会，各年级推举的 14 位代表进行了交流发言。先期探索的四位教师交流了探索心得。教学改革委员会经过深入讨论，结合我校"三精教育"办学理念，把"二人制"结对互助的学习方式命名为"同心互助"学习方式。我校"同心互助"小组合作学习模式探索于2024 年正式启动。

第三章 思维澄清课堂的思想来源

思维澄清课堂是我们站在乡镇初中这片现实的土地上，以"核心素养"为观照，在理论指导下对高效课堂的一种新探索。但创新不可能凭空而来，就像人不可能揪着自己的头发离开地球，教育上的任何创新都离不开过往的传统，新的成果都蕴含着旧的成就。思维澄清课堂作为中国乡村教育史长河中的一朵浪花，必然蕴含着我国传统课堂的教学精华，同时又面向未来，体现出新思想、新理论、新成果。

自从夸美纽斯在《大教学论》中系统论述班级授课制以来，班级授课就成为学校教学的主要形式。我国真正意义的班级授课制肇始于1904年清政府颁布的《奏定学堂章程》。其后，在本土探索和引进国外理论的双重作用下，我国的课堂教学不断演进。新中国成立后，我国的教育受到了苏联的全面影响，特别是凯洛夫的教育学对新中国的课堂教学产生了根本性的影响。改革开放打开国门之后，国外的教育理论被快速地介绍到我国，诸如结构主义与发现教学模式、掌握学习理论与目标教学模式、教学与发展的理论、人本主义与非指导性教学、暗示教学法、行为主义与程序教学、范例教学理论与教学模式、教学过程最优化理论、有意义学习理论、累积学习理论等。在学习国外先进理论的基础上，我国的教育工作者也先后创造了诸如自觉辅导法、情境教学法、创造教育、成功教育、主体教育等。新世纪开始的新课改又引进建构主义、后现代主义、实用主义、多元智能理论等。这些理论，在一定程度上冲击了我国课堂教学的组织形式，促使其不断演化。目前，我国又以培养"核心素养"为切入点，进行新一轮教育教学改革。

1949年之后，我国的课堂教学虽然不断改革，但其传统却是一脉相承。因此，在建构思维澄清课堂时，我们既要注重引入当下的先进理论，又要对我国课堂教学经验进行去伪存真的吸收。

第一节　吸收教学最优化理论　建构最适合的教育

教学最优化理论是苏联著名教育家尤·克·巴班斯基创始的，其代表作就是《教学过程最优化》。"最优化"是一数学术语，是指按照某一衡量标准，去寻找最好的方案，以达到较经济有效地使用人力、物力的效果，获得最好的结果。巴班斯基认为最优化是指从一定的标准看对该条件来说是最佳的。

他认为教学过程最优化是根据具体的培养目标和教学任务，考虑学生、教师和教学条件，按教学规律和原则要求制定和选择一个最好的教学方案，然后灵活机动地实施这一方案，组织对教学过程的控制，用不超过规定的时间和精力，取得对该条件来说最大可能的结果，这种效果反映在全班学生身上，就是他们每个人都能获得在这个时期内最合理的教养、教育和最大的发展。

这个定义要求教学过程：第一，要遵循科学。遵循教育科学所提示的教学规律。第二，考虑条件。既要考虑教学的外部条件，又要考虑师生的内在实际可能性。第三，选择方案。要比较各种可行的教学方案，根据具体情况，选择最佳方案。第四，控制活动。控制师生教学活动的进程，随时调整和校正活动。第五，获得效果。在规定的时间内，获得最佳效果，使学生在教养、教育和发展三个方面获得最大的可能的效果。

巴班斯基最优化教学思想除了提出新概念之外，还提出了教学过程最优化的标准、教学过程最优化的实施办法、最优教学方法的选择等。

从以上介绍我们可以看出，教学最优化思想来源于教学实践，又服务于教学实践，它的诸多思想与我们建构思维澄清课堂的思路有诸多契合之处。

第一，这一思想是巴氏在指导教学实践过程中产生的理论。20 世纪，巴氏在顿河——罗斯托夫地区开创了克服大面积留级现象的研究，取得了一些创造性的经验。在认真总结这一经验的基础上，运用唯物辩证法的观点和方法，并将现代系统论的基本原理和方法引进教学研究，1972 年发表了《教学过程最优化（对预防学生学业成绩不良的看法）》，提出了教学过程最优化概念。

1972 年之后，巴氏又在顿河—罗斯市第一和第九十二学校从事长达 4 年的教学实验，根据实验结果 1977 年出版了《教学过程最优化（一般教学论）方面》，进一步提出了"教学过程结构"的概念。

第二，最优化思想很切合教学实际。诸如最优化不是理想化，而是对于某一具体学校、具体班组、具体学生而言，不是说条件好的学校才能实行最优化。条件好的学校能实行最优化，条件差点儿的学校也可以实行最优化。某一方案对中等生来说是最优化的，对优等生来说不一定是最优化的。再如，最优化不是新的形式、新的方法，而是从实践中总结归纳出来的一条独特原则。最优化就是运用综合的观点来调动教学中的各种有利因素，克服不利因素，尽可能以不超限度的时间和精力，取得某一条件下的最大效果，从而更好地完成教养、教育和发展任务。

烟店镇中学的教学改革委员会认为，巴班斯基教学过程最优化理论适合作为我校教育教学改革的方法论。第一，教学过程最优化理论所提出教学最优化就是当时条件的最好，能为我们的教育改革评价提供合理标准。我们的教学改革不是追求全市第一，而是追求在此时此地的条件下，使学生得到可能的最好发展。第二，教学过程最优化是指在不延长学生学习时间和加重学生学业负担的前提下的最好发展，这与我们所追求的教育公平、不加重课业负担、教师不加班加点的依法教改思想相吻合。第三，巴班斯基教学过程最优化理论的理论基础和方法论基础是唯物辩证法，与我国的教育理论具有同源性，其话语体系与我国教育话语体系同频，很容易被我国教师理解和借鉴。第四，教学过程最优化思想来源于教育实践，又经过了实践的检验，便于教师们参考和借鉴。

2021 年暑假培训期间，教学改革委员会聘请聊城大学教育科学学院院长于源溟教授对巴班斯基的教学过程最优化思想进行了介绍和分析。全校教职工利用暑假阅读了《现当代教育理论与实践艺术》[9]的第八章：教学过程最优化理论。通过教学过程最优化理论全员学习，全体教师基本明确了我校教育教学改革的基本理念，起到了统一思想的作用。

---

9. 于源溟等，现当代教育理论与实践艺术．北京：科学普及出版社，1998.

通过教学过程最优化学习，我们进一步明确教育教学改革的基本理念：依法办学、公平对待每位学生、不加班不加点、向科学方法要效率、向课堂要质量。

第二节　支撑思维澄清课堂的传统心理学理论

这里所说的传统心理学主要是指师范生能够学到的普通心理学。传统心理学中的"个人的认识过程"[10]（包括感觉、知觉、记忆、思维和想象）、注意和言语与交际等内容对思维澄清课堂的建构具有指导意义。

一、注意规律与思维澄清课堂

注意是指"心理（意识）对那些于个人具有稳固的或情景意义的一定客体的指向性，是以提高感性的、理性的或运动的积极性水平为目的的心理（意识）的集中"[11]。关于注意，对思维澄清课堂建构具有启示作用的内容包括注意力的引发规律和注意力的保持规律。

（一）无意注意和有意注意

注意可以分为无意注意和有意注意。无意注意的引发由两方面决定，一是所呈现事物的新异性，二是外部刺激符合人的内部状态，也就是符合人的需要。有意注意是"在人向自己提出一定的任务、自觉的目的时产生的，从而制约着把某些对象（影响）分出来作为注意的客体"[12]。有意注意的指向性不是决定于某些对象（影响）本身的特点，而是决定于所提出的、拟订的任务、目的。无意注意提醒教师在课堂上要注意知识呈现的新异性。有意注意的特点决定了教师在课堂教学过程中，必须要训练学生学习的目的性，培养他们的责任感。

---

10. ［苏］彼得罗夫斯基主编，朱智贤等译：《普通心理学》，人民教育出版社1981年版。

11. ［苏］彼得罗夫斯基主编，朱智贤等译：《普通心理学》，人民教育出版社1981年版，第201页。

12. 同上，第211页。

（二）注意力的保持

注意力的保持，体现出了注意力稳定性的方面，它是学生保持课堂学习的必要条件。与注意力的稳定性相对的是注意力的动摇，这种动摇可以分为注意力的分散和注意力的转移。在课堂教学中，当注意力开始动摇时，如果教师能够因势利导，及时变换教学内容和教学组织形式，就形成注意力的转移。如果学生的注意力已经开始动摇，而教师的教学活动仍然停留在上一个教学活动，就形成注意力的分散。学生课堂注意力能够保持多长时间而不动摇呢？从现有的资料看，有的学者认为不会超过15分钟，有的学者说不会超过5分钟。目前自媒体视频的时长一般都不会超过5分钟，这应该是符合人类注意保持特点的。注意力动摇性的特点及保持时间的有限性，为课程教学活动的安排提供了依据，具体到思维澄清课堂，为"小步子"和"三反四助"提供了理论依据。

二、三种记忆与思维澄清课堂

"记忆是通过识记、保持、再现等方式，在人们的头脑中积累和保持个体经验的心理过程。运用信息加工的术语讲，就是人脑对外界信息进行编码、存贮和提取的过程。"[13]

根据信息在大脑中保持时间长短，可以把记忆分为感觉记忆、短时记忆和长时记忆。

（一）感觉记忆

感觉记忆是短时记忆和长时记忆之源。感觉记忆是指当客观刺激停止之后，感觉信息在一个极短的时间内保持下来的记忆，它是记忆系统开始的阶段，贮存时间大约为 0.25 ～ 2 秒。只要信息进入人的感觉通道，这些信息就会形成感觉记忆，并且进入感觉记忆的信息具有鲜明的形象性。贮存时间极短的感觉记忆中的信息，如果被注意到，就会进行短时记忆。如果感觉记忆中的信息与大脑中旧有的经验发生联系，这部分信息就进入长时记忆。

---

13. 于源溟著：《语文教学过程论》，济南出版社 1997 年版，第 141 页。

（二）短时记忆

短时记忆的保存时间大约为 5 秒～2 分钟。有两类，一类是直接记忆，即输入的信息没有经过加工，它的容量是相当有限的，大约为 7±2 个组块；另一类是工作记忆，即输入的信息与大脑中已经贮存的信息发生联系进行再编码，容量扩大并进入长时记忆。教师要求学生边听课、边思考的道理就在这里。

短时记忆非常容易受干扰，而且不管什么干扰，也不管干扰的强度和数量的多少，只要是干扰，短时记忆就立即丧失，一旦丧失就不易恢复。

（三）长时记忆

长时记忆是指信息经过充分地和有一定深度地加工后，在头脑中长时间保留下来，贮存的时间大概从 1 分钟到许多年甚至终生。长时记忆的容量没有限度。长时记忆的内容或者说信息，大部分来源于对短时记忆的加工，也有由于印象深刻一次性获得的。

现在心理学家一般认为三种记忆实际上是人的整个记忆过程中的三个阶段，他们相互协同完成人类的记忆活动。这一记忆过程可以图示如下（见图 2-1）。

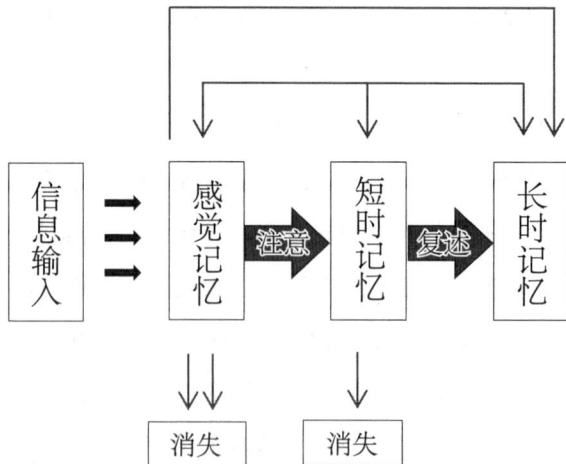

图 2-1

（四）三种记忆与思维澄清课程建构

从以上对记忆规律、注意规律的介绍可以看出，教师授课中所呈现的知识不管方式如何，只要是在学生的感受阈之内，都会进入感觉记忆。从这个视角看，教师呈现知识的方式对教学效果没有影响，那么为什么我们要强调教师呈现知识的新颖性、刺激性呢？其原因就在于新颖的和刺激性的信息容易引起注意，只有当学生注意了教师呈现的知识，这些知识才会进入短时记忆。当然，教学中只靠知识呈现的新颖性和刺激性是不够的，教师还必须对学生的学习动机进行激发，使他们有意注意教师所呈现的知识。

短时记忆是一种过渡性的记忆，它最终要么消失，要么转化为长时记忆。从某种意义上说，课堂上学生的短时记忆向长时记忆过渡得越多，课堂的教学效果就越好。要使学生的短时记忆尽量多地向长时记忆过渡，教师的课堂教学是需要技巧的。理想的课堂语言总是抑扬顿挫，但不管是抑是扬，也不管是顿是挫，目的都是把重点突破出来，从而引起学生注意，引发学生思考（思考的过程就是对知识的复述和信息的加工），让知识进入长时记忆。

课堂教学强调讲练结合，目前又强调小组合作、强调学生的展示活动，这些都暗含了短时记忆的规律。短时记忆中的一部分知识或信息，由于其与大脑中已有知识有着紧密的联系，经过大脑自动加工形成工作记忆，从而进入长时记忆。而短时记忆中的大部分知识或信息，都要靠复述才能进入长时记忆。短时记忆中没有通过工作记忆进入长时记忆的知识或信息是直接记忆，这种直接记忆一方面容量有限，另一方面非常容易受干扰，一旦被干扰就会消失，而一旦消失就不能恢复。强调讲练结合、小组合作、展示活动，目的都是给学生加工信息的机会，从而记住记牢教师传授的知识。

教师授课的语速也必须适中。语速过快，短时记忆就不能得到复述以进入长时记忆。语速过慢，则学生注意力容易分散，影响感觉记忆向短时记忆过渡。为了保证短时记忆能够顺利向长时记忆过渡，课堂上必须为学生留足加工短时记忆中信息的时间。

有些课改学校规定教师一节课的讲解时间不能超过一定的时长。有的规定不能超过 15 分钟，有的规定不能超过 12 分钟。到底多长合适，可以根据学情和经验决定。值得注意的是，教师是集中讲解 12 分钟或 15 分钟，还是分散讲解合计 12 分钟或 15 分钟，这是有讲究的。根据记忆规律，当然是分散讲解合计 12 分钟或 15 分钟更好。教师可以把课堂时间多切分成几个小段，用几分钟讲一个知识点，接着就或复述，或练习，或小组合作。一个小段接着另一个小段，课堂教学井然有序，教学效果良好。上述解释也是我们思维澄清课堂"小步子"、"慢推进"提出的根据之一。

三、艾宾浩斯遗忘曲线与思维澄清课堂

艾宾浩斯遗忘曲线的发现是教育心理学史上里程碑式的事件。1885 年，德国心理学家艾宾浩斯，首先用无义音节为材料进行有关保持进程的研究，发现并绘制了第一个保持曲线，也称遗忘曲线。在学习的材料刚刚记得的一小时后，受试者对他所学的材料仅仅保持 44% 左右；第一天结束后，遗忘已达到最初材料的 2/3；六天以后，这种保持逐渐缓慢地降低到 25% 左右［潘菽主编：《教育心理学》，人民教育出版社 1983 年版，第 113 页。］。在此曲线中，可以看到，最初急剧下降和随着时间进展而渐趋稳定的下降率。它的基本要义就是人记住之后，遗忘的过程就开始了，这种遗忘过程遵循先快后慢的规律发生，即记忆之后的前期会发生大量快速的遗忘，之后这种遗忘就是逐渐变慢，越来越慢。

艾宾浩斯遗忘曲线的发现，启示学习者在记忆知识之后想保持住知识至少要做到两点：一是及时复习，防止记忆后的快速大量遗忘。二是已记住的知识要遵循先频繁后稀疏的重复。

艾宾浩斯遗忘曲线对所有学生学习的影响是一样的，但对不同类型学校课堂教学设计的影响却是不一样的。对优质学校来说，艾宾浩斯遗忘曲线对课堂教学设计的影响不大。由于学生学习能力和自我管理能力较强，教师把记忆后的遗忘规律告诉学生，学生就会自我规划，及时复习。对如烟店镇中学这种地理位置偏远、优秀生源被掏空的乡镇中学来说，理想的状态当然也想让学生通过自我管理，来实现知识的复习和保持，但实际情况是大部分学生基本做不到。知识的保持和复习的安排是乡镇中学教师课堂设计时需要重

点考虑的问题。

根据烟店镇中学生源状况，遵循最优化原则，思维澄清课堂在课堂教学中，专门设计了旧知识的复习和保持环节。文科类和半文半理类科目所设计旧知识复习和保持的环节叫"循环大听写"，理科类科目所设计旧知识复习和保持环节叫"知识前探"。

四、思维语言之间的关系与思维澄清课堂

思维与语言之间的关系是认知心理学和语言学领域重要的研究内容，相关的研究成果对思维澄清课堂的建构意义重大。目前流行的所谓大单元、大观念教学，从根本上看就是要把课堂教学从过度注重知识传授走向更加注重学生思维能力的培养。重新理解语言与思维的关系，并把语言对思维的加工功能引入到课堂教学的建构过程，必定会使新课堂更有利于学生思维能力的培养，从而提高课堂教学效率。

（一）语言加工思维技术应用现状

人总是要借助某种语言，才能有目的地、清楚地思考某一问题，思维在没有获得语言形式的时候，许多思维现象是很难被清晰地、层次分明地展开的[14]。改革开放这些年来，基础教育课程改革也经过了很多轮，我们的基础教育领域就没有发现语言对思维的澄清和加工作用吗？这一理论对基础教育改革就没有影响吗？

关于语言对思维的加工作用，在理论层次已经被我国基础教育界所重视，如我们常听到的"说出来、写出来的才是真正的学会了"、"讲给别人听是最好的学习"等等。在实践中，经典的课堂改革案例也非常重视让学生说出来，如山东茌平杜郎口中学的"课堂展示"、山东即墨二十八中的"和谐互助"。可以说，凡是重视课堂教学改革的学校，一般都会运用小组合作学习，而小组合作学习最基本的一项技术就是利用语言对思维进行加工。

但总体上看，我国基础教育界对这一原理的运用还是不充分的，具体表

---

14. 刘伶、黄知显、陈秀珠主编，岑麒祥审订：《语言学概要》，北京师范大学出版社1984年版，第295页。

现在：一是注意口头语言的运用，而对书面语言的作用开发不足。实际上，对思维能起到彻底而明晰加工的主要是书面语言，口头语言的转瞬即逝性，决定了它对思维的加工是肤浅的。开发文字（书面语言）对思维加工的技术是课堂教学需要解决的问题。二是注重陈述性知识的清晰化，忽视程序性知识和策略性知识的总结和澄清。要充分发挥语言对思维加工的作用，必须要理解语言对思维是如何加工的。

（二）语言加工思维技术的原理

要运用语言加工思维技术，推动基础教育课堂改革进一步深化，至少要解决如下的问题：语言与思维是一回事吗？语言加工前的思维是什么样的状态，经过语言加工后的思维是什么样的状态？语言是如何对思维进行加工的？语言对思维加工的切入点有哪些？

1. 语言与思维是两种心理过程

"语言与思维是一回事吗"的解答是决定语言对思维进行加工能否成立的本体论问题。语言和思维是两种不同的心理过程，它们各自具有自己的生理机制和发展规律，因此它们各自具有不同的结构和过程。正是因为语言和思维是两个独立的过程，语言加工思维这一技术才能成立。

2. 思维未被语言加工前的状态

思维在获得语言加工表达之前是一种什么样的状态呢？未获得语言加工的思维具有非离散性和非线性的特点。

思维的非离散性，是指"思维把客观对象作为一个整体来反映的时候，对象的各种要素在思维中互相渗透、连接，无法分解成一个界限分明的单位"[15]。课堂上常常出现如下的现象：教师一提问学生就举手，学生一回答立即就卡壳；教师一讲就会，自己一做就错；课堂例题讲完学生回答全会，立即重做正确率却达不到50%。

出现第一种现象的学生，其学习方式往往是"冲动型"的，教师对这种表现的学生往往会非常不满意，有修养的教师会温和地让学生坐下，脾气急

---

15. 刘伶、黄知显、陈秀珠主编，岑麒祥审订：《语言学概要》，北京师范大学出版社1984年版，第294页。

躁的教师则会面露愠色或用语言攻击学生。其实这种表现的学生其内心没有任何的恶意，他们往往是"转念之间"认为自己理解了，能够回答，其举手之前没有经过任何的语言组织，思维根本没有澄清，回答卡壳就是必然。

第二种现象第三种现象中，教师通过符号(包括语言)向学生展示思维过程，但学生接受后并非全部清晰，有许多的点还是处于"非离散状态"，出现不会和大面积错误也是必然。

思维的非线性，是指"思维的内容往往是同时交织在一起，无法形成明确的先后次序而有条理地一步步展开"[16]。语言是一个个词的线性组成，而思维则是"非离散性"的，是"一团星云"[17]。"从思维到语言的转化过程，是一个非常复杂的用词来分解思维内容和改造思维内容的过程。"[18]基础教育中那些"只管教不管会"、"教不会我让你练会，练不会我让你考会"、"大容量、快节奏、反复练"等现象，其实都是在教学过程中漏掉了语言加工思维的过程。思维澄清课堂体系中"勤反思"原则的理论依据，就是语言加工思维能够澄清思维，"小步子"、"慢推进"就是为了给学生用语言加工思维提供时间和空间。

3. 语言何以能加工思维

思维的非离散性和非线性特点，使思维在被语言表达之前处于一种混沌的状态，那么语言的表达何以能对思维进行加工使之变得清晰化呢？这是由语言的离散性、组合性和线性化特点决定的。

语言对思维的表达过程，其实就是语言对思维的分解、组合和线性化展开的过程。第一步是运用语言的各成分对混沌的思维进行分解。"语言是由彼此离散的成分，词、词组、句子以及段落篇章构成，每个离散的成分都有自身相对独立的意义，彼此之间界限分明。用语言来表现思维成果，就迫使

---

16. 刘伶、黄知显、陈秀珠主编，岑麒祥审订：《语言学概要》，北京师范大学出版社1984年版，第295页。

17.［瑞士］费尔迪·德·索绪尔，《普通语言学》，商务印书馆1980年年版，第157页。

18. 刘伶、黄知显、陈秀珠主编，岑麒祥审订：《语言学概要》，北京师范大学出版社1984年版，第295页。

原来非离散的思维层层分解为一个个清晰的单位。这种用语言的各级单位来分解思维内容的过程，其实就是帮助思维对认识对象进行分析的过程。由于每一个词或词组都代表某一个认识对象或对象的某个方面、某个特征，这就把原来混沌地存在于思想中的这些方面和特征明确地分析了出来。"[19]第二步是把思维重新组织起来。语言分解思维的目的并不是把混沌的思维分解为一堆碎片，而是为了更清晰地表达。语言具有组合性的特点，它是按照一定的语法规则组织起来的。我们把分解后的思维过程说出来之后，其实就是对思维的重新表达。第三步是遵循线性特点把思维过程依次展开。"当语言表达思维时，就迫使原先纵横交织着的千头万绪纳入在时间上展开的单线轨道，从而被整理成有次序的链条。"[20]

思维产生思想，语言表达使思维清晰化、连贯化、逻辑化。教学过程首先要使学生产生思想，教师们在课堂上采用的各种方法就是使学生产生思想的过程，这一过程是必需的，教师们所采用的大部分策略也是合理的。但只产生思想而不澄清思想，只完成了思维教学的前半程，这就是目前课堂教学的问题。我们在思维澄清课堂建构中所设计的各种澄清策略，就是为了填补思维教学的后半程，从而构建出一个完整的思维教学过程。

五、输入输出理论与"同心互助"学习方式

学习的过程说起来复杂，但其实只有两个过程，即知识的输入和知识的输出。具体地说，输入就是所学的知识进入大脑的记忆和理解，主要是听课、看参考书、观看视频等。输出是掌握的知识从大脑中输出出来的实际运用，主要是做习题、讲给别人听、讨论、复述、大声读书、复习回顾等。

为什么学生不停地学习，成绩却总不见起色？一个主要的原因就是没有正确处理学习过程中输入和输出的关系。

输入是学习别人知识的过程，输出则是一个从无到有的过程。经过输出，

---

19. 刘伶、黄知显、陈秀珠主编，岑麒祥审订：《语言学概要》，北京师范大学出版社1984年版，第296页。

20. 刘伶、黄知显、陈秀珠主编，岑麒祥审订：《语言学概要》，北京师范大学出版社1984年版，第296页。

那些原来属于书本上的、别人的、教师的知识真正内化到学生自己的心理结构中，真正成为自己的东西了。这种利用输出强化理解、记忆的方法策略，可以叫作"输出倒逼法"。学习当然是学生学校生活的主要任务，但当学习作为任务的时候，师生总是在意学习知识的数量，而不在意所学知识是不是变成自己的东西，这是人性的弱点。教师授课时，总是抱着完成教学任务的心态，而学生们则往往是听完课、匆匆完成作业，然后就心安理得地去娱乐。教师讲过的知识不代表学生掌握了，学生学习过了的知识不代表学生理解了，真正理解掌握知识还需要一个内化的过程，输出倒逼策略则能强化内化的过程。已经得到印证的输出倒逼理解记忆的理论与方法有费曼学习法、金字塔学习理论。

（一）费曼学习法

学生利用输出进行学习的方式很多，例如：回答教师和同学的提问、做练习、高声复述背诵等等。传统的课堂上有一种重要的输出学习方式被忽视了，那就是"讲给别人听"。讲给别人听是一种非常有效的学习方式。"如果你不能简单地说清楚，那就说明你还没有完全明白"，爱因斯坦这句名言从反面说明了"说清楚"的重要性。"把自己正在学的东西教给其他人"，就是被誉为最有效学习法的"费曼学习法"的核心理念。

费曼是诺贝尔物理奖获得者，他不仅是一位著名的物理学家，更是一位著名的物理教育家，他讲课幽默生动、不拘一格，深受学生欢迎。

费曼学习法的主要步骤有四步。第一步，选择一个准备学习的概念。写出想要学习的概念，查阅相关资料去理解它。第二步，把这个概念教给别人。想象自己要把这个概念教给别人，并且以此为指引去深刻理解这一概念。第三步，发现教学过程中的缺口并尝试解决，重新教给别人。这些缺口包括被教者可能会提问的问题，为解决这些问题，可以重新去查资料。第四步，简化类比，让5岁的小孩也能听懂。简化，就是把复杂的概念简化，抓住概念的本质。类比，就是把概念同化到自己最基本的知识结构中，用最形象、最简洁的语言表达出来。见图2-2

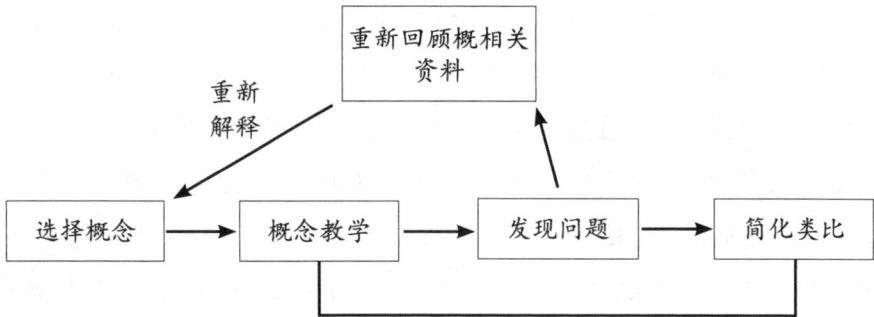

图 2-2

（二）学习金字塔理论

学习金字塔理论是美国缅因州国家训练实验室的研究成果，它用数学形象显示了采用不同的学习方式，学习者两周以后还能记住内容多少。最早由美国学者爱德加·戴尔于 1964 年提出。学习金字塔用金字塔的形式表示了不同的学习方式的学习效果。见图 2-3。

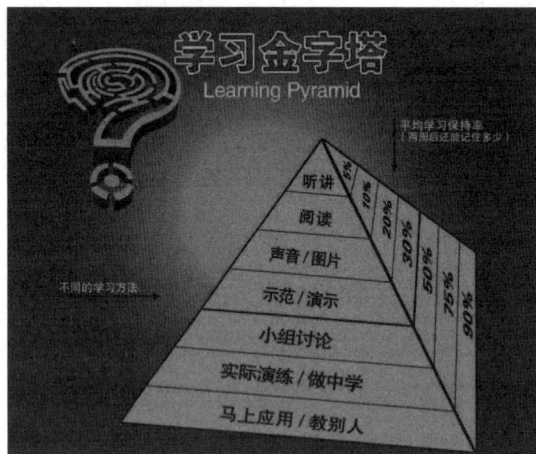

图 2-3

从塔尖到塔基，学习方式依次为听讲、阅读、视听、演示、讨论、实践和教授别人，各种学习方式的效果也是从塔尖到塔基依次增加。单纯的听讲和阅读的效果是最差的，而动手操作和教授别人的效果是最好的。

学习金字塔中学习效果在 30% 以下的有听讲、阅读、视听、演示四种都是传统的教与学的方式，都属于个人或被动的学习。学习效果在 50% 以上的都是团体学习、主动学习和参与式学习。教授别人是最有效的学习方法的发现对突破传统教授法有着特别的意义。

（三）亚瑟·盖茨关于学习输入输出的实验

美国哥伦毕亚大学心理学教授亚瑟·盖茨以 100 名小学三年级至初中二年级的学生为实验对象，背诵《绅士录》中记载的人物的简介，时间是 9 分钟，孩子们被分成若干组，每组的"背诵时间"（输入）和"练习时间"（输出）的比例是不一样的。结果输入时间只占 30% 的大龄学生组，最后的背诵成绩最高，因此得出输入与输出的黄金比例应该是 3：7[21]。这项试验表明：用 30 ~ 40% 的时间学习输入，用 60 ~ 70% 的时间思考输出，学习效果最佳[22]。

归纳起来说，输出倒逼理论可以概括出以下几个主要的观点：

第一，学习并不是常识性所理解的只是一个输入的过程，而是一个输入和输出交替往复双线并进的过程。

第二，学习过程用 30% ~ 40% 的时间学习输入，用 60% ~ 70% 的时间思考输出，学习效果最佳。

第三，听讲、阅读、视听、演示等个人被动的学习方式效果较差，而小组讨论、实际演练、教授别人等团体学习、主动学习和参与式学习效果较好。

第四，教授别人是最有效的学习方式。

（四）输出倒逼策略与"同心互助"的关系

课堂学习过程无疑是从输入开始的，但只注重学生知识输入的课堂是低效的，因此，在知识输入过程启动之后，就需要启动知识的输出过程。问题是在什么样的状况下启动知识的输出过程？按亚瑟·盖茨的实验，输入与输出的时间比为 3:7，这是学习过程总的时间比，它只能告诉我们课堂设计中，学生的输入时间要低于输出时间，而不能告诉我们什么状况下启动输出。

21.https://zhidao.baidu.com/question/656141900926757485.html

22.https://zhuanlan.zhihu.com/p/598859798

根据我们剖析课堂的数据统计和经验，即使城里最优质学校的课堂上，当堂测验的结果表明学生的知识掌握率也不会超过50%。烟店镇中学这种乡镇最薄弱的初中，学生当堂知识的掌握率也就是30%左右。对优秀教师常态课堂剖析我们发现了一个现象，优秀教师基本上都会把课堂上要传授的知识切分成二到三个知识片断，对每一个知识片断讲讲练练、讨论讨论，最后再做一个总结性的归纳。也就是说优秀教师的常态课在第一个知识片断传授之后就开启了练习、讨论的输出过程。这就产生了另一个问题，即第一个知识片断教授到什么程度开启输出过程最合适？根据对优秀教师的访谈，我们得出一个基本的标准，即优秀生掌握7成左右，一般学生掌握5成左右，后进生能掌握4成左右就应该开始输出的过程，即做相关的练习、开启小组互助。

课堂教学中，输出要采用什么方式呢？根据学习金字塔规律，小组讨论、实际演练和教授别人是最有效的学习方式,而这三种方式全部具有输出的特点，因此输出过程最好的方式就是小组讨论、实际演练和教授别人。

课堂教学中的实际演练，除实验课外，一般都是个人行为，可以是背诵、出声的朗读、画知识结构图或思维导图，最有效的当然是解决问题。因此为提高输出过程的效果，教师最好把每个知识片断的输出内容，设计成练习题、操作题，这就形成了知识片断输出习题化的策略。这些习题的种类可以是多种多样的，诸如画出知识片断的知识结构图、画知识的思维导图、进行填空练习、做知识巩固类型的练习题等。

个人实际演练之后，就可以安排小组讨论和教授别人的环节。小组的人数决定了小组的大小，也决定了小组讨论时信息的传递方式，当然就会影响合作学习效果。当前我国课堂讨论小组人数的确立标准来源于头脑风暴的小组人数（5～15个），因此许多理论工作者坚持认为课堂小组以6人组和8人组最为合理。其实这个分组方式，不适合我国乡镇初中的实际情况，因为头脑风暴的目的是产生新的思路，主要的目的是创新，而课堂教学中的小组合作学习的目的主要是接受知识、训练思维。从学习知识、训练思维的价值追求出发，乡镇初中比较适合的分组方式为"大组小组结合分组"。即对特殊的知识，大组讨论；对一般性的知识，小组讨论，大组4人，小组2人。

分组的原则就是一好带一差，师徒2人构成"同心互助"小组。师傅在整个学习过程都是处于"输出倒逼"状态，按费曼学习法的要求，师傅在听课阶段，既要想到如何把这个知识再传授给徒弟，又要琢磨如何才能给徒弟讲明白。同心互助的过程中，师傅其实就是用口头语言加工自己的思维，从而使自己想得更明白。师傅同时也会进行书写、推演活动，这是用书面语言加工思维。徒弟在"同心互助"的最后一个阶段，需要向师傅"回讲"，"回讲"本质上就是一次输出。为了完成这一输出任务，徒弟在听课时，会清晰地监控自己的状态并提炼自己哪些地方不懂，个人实际演练的过程对这些不懂的地方会更加清晰，"同心互助"时就会明确提出自己的问题，通过师傅的讲解解决问题，最后通过"回讲"完成自己的再输出。

完成了所有预定知识的输入之后，课堂就进入到结课阶段。从输入输出的完整过程看，结课阶段学生应该完成一个总输出任务，即课堂知识的总结和课堂学习状态的反思。

第三节 支撑思维澄清课堂的认知心理学理论

行为主义心理学、认知主义心理学和人本主义心理学并称为现代心理学的三驾马车。认知主义源于格式塔心理学派，这个学派认为，学习是人们通过感觉、知觉得到的，是由人脑主体的主观组织作用而实现的，并提出学习是依靠顿悟，而不是依靠尝试与错误来实现的观点。该理论关于"学习"的观点是：关于学习的心理现象，否定刺激（S）与反应（R）的联系是直接的、机械的。认为人们的行为是以"有机体内部状态"——意识为中介环节，受意识支配的，他们以 S-O-R 这一公式代替 S-R 这个公式（O 为中介环节）；学习并不在于形成刺激与反应的联结，而在于依靠主观的构造作用，形成"认知结构"，主体在学习中不是机械地接受刺激，被动地做出反应，而是主动地、有选择地获取刺激并进行加工；对学习问题的研究，注重内部过程与内部条件，主要研究人的智能活动（包括知觉、学习、记忆、语言、思维）的性质及其活动方式。简而言之，就是人们不是机械地接受刺激，而是主动对相关刺激进行解释。这一学派的代表人物有皮亚杰、布鲁纳、奥苏贝尔、托尔曼和加涅。认知心理学在发展过程中逐渐形成了一个重要分支，即元认知心理学。元认知就是对认知的认知，一般认为它属于认知心理的范围。

认知主义心理学派的各位代表性人物，对人类认知过程开展了富有创造性的研究，他们的研究各有侧重、各有特点。其中奥苏伯尔侧重于学校学生学习的研究，其所创立的认知同化学习理论对传统的言语教授法为主的接受教学进行了改造，提出有意义学习概念，形成了其独特的认知同化学习理论。思维澄清课堂建构过程的诸多思想都来源于认知同化学习理论。

新中国成立以来，我国的基础教育已经经过了八轮课程改革，但言语讲授法仍然是我国课堂教学的主要教学方法。为防止"填鸭式"和"满堂灌"，我们在思维澄清课堂建构中，理解并引进奥苏伯尔的认知同化学习理论很有必要性。

奥苏伯尔是20世纪60年代为美国学界所关注的心理学家。奥苏伯尔认为，学生的主要任务是以有意义接受学习的方式，获取和牢固掌握有组织的知识，形成良好的认知结构。他认为知识群是特定文化中重要的概念，是人类社会千百年积累的科学文化中的"要素"，学校的任务就是将这些知识传授给学生。

一、有意义学习的定义

奥苏伯尔区分了接受学习和发现学习、有意义学习和机械学习等概念，提出有意义学习理论。有意义学习就是"通过符号使学习者的头脑中获得相应的认知内容"的学习。"有意义学习的实质，就是符号所代表的新知识与学习者认知结构中已有的适当知识建立非人为的（非任意的）和实质性的（非字面的）联系"。所谓的"实质性的、非人为的联系，指新知识与学习者认知结构中已有的表象，已有意义的符号、概念或命题的联系"[邵瑞珍等编著：《教育心理学——学与教的原理》，上海教育出版社1983年版，第31页。]。有意义学习理论是一个庞大的体系，对我们构建思维澄清课堂最有意义的部分就是同化学习理论。

二、有意义学习的类型

有意义学习就是同化，那么有意义学习只有一种类型，还是具有多个类型呢？根据学习任务的复杂程度，可以把有意义学习分为表征学习、概念学习和命题学习三种类型。

表征学习（Representation learning），又译做代表性学习，是指学习单个符号或一组符号的意义，通俗地说就是学习它们代表什么。

概念学习实际上是掌握同类事物的共同关键特征，奥苏伯尔认为，概念的学习可以分为形成概念和学习概念。形成概念在学龄前期已经开始，儿童在生活中逐渐地形成对事物的概念，而入学后就开始学习表征这些概念，即学习概念的名称。概念关键属性的学习可以通过两条途径。第一条是概念的形成，即学习者通过直接接触大量同类事物的不同例子，经过假设、检验和概括等思维活动，从而抽象出同类事物的共同关键属性。第二条是概念的同化。即用定义的方式直接向学习者呈现概念的关键特征，学习者利用认知结构中原有的概念理解新概念。思维澄清课堂理科类教学中的"知识前探"环节，其设置的目的就是完善学习的认知结构，使新概念的学习变成有意义的学习。

命题是由若干概念词组成的句子的复合意义，学习者必须先了解组成命题的有关概念的意义，才能获得命题的意义。命题学习分为下位学习、上位学习和并列结合学习。下位学习是指新学内容从属于学生认知结构中已有的、包摄性更广的概念。当认知结构中已经形成了几个概念，现在要在这几个概念的基础上学习一个包摄程度更高的命题时，便产生了上位学习。当新的命题与认知结构中原有的特殊观念，既不能产生从属学习，又不能产生上位关系时，它们在学习中可能产生联合意义，这种学习就称为并列学习。

三、同化学习的条件、过程和影响因素

（一）同化的定义

同化的英语单词是 Assimilation，在生物学也被译作"吸收"，即主体把客体变成自身的一部分。在心理学领域，"同化"这一概念是 20 世纪中叶由皮亚杰提出的。皮亚杰用同化和顺应来说明儿童认知发展的内部机制。同

化是个体把客体纳入已有的图式之中，这只能引发图式量的变化；顺应是指个体因环境作用而引起的原有图式的变化，以适应外界环境的过程[23]。

奥苏伯尔认为认知同化理论的核心是：学生能否习得新信息，主要取决于他们认知结构中已有的有关概念；有意义学习是通过新信息与学生认知结构中已有的有关概念的相互作用才得以发生；由于这种相互作用的结果，导致了新旧知识意义的同化。

（二）同化过程中的原有固定点知识和同化学习的相似性

奥苏伯尔把新学习的知识比作刚刚驶进港口的船，把头脑中原来的旧知识比作锚桩，当船靠岸以后要把船的锚（Anchor）固定在这个事先设置好的牢固的桩上。这个专门固定锚的东西叫锚桩（Zhchorange），我国的心理学家将这个词翻译成新知识在原有知识上的同化固定点。

同化学习的相似性这一概念是用来解释"同化"过程何以发生的。同化学习从本质上说就是一种知识迁移，是大脑中的原有知识与新学习的知识之间，依据彼此相似性关系所发生的一种正迁移过程。个体学习新的知识，如果头脑中有与新知识相似的知识，这些相似的知识就会帮助个体同化这个新的陌生知识，新知识的学习就相对容易[24]。反之亦然。

（三）同化学习的过程

同化学习的过程可以大体概括为五步。第一步，新知识的相关信息通过我们的感官进入到大脑中。第二步，大脑接收到信息后开始在原有知识中去寻找相似的信息。第三步，对比原有知识，找到原有知识与新知识的相同点及不同点。第四步，在原有知识与新知识相同点的基础上，记住不同点。第五步，新知识成为大脑中原有知识体系的一个有机组成部分[25]。

---

23. 施良言著：《学习论——学习心理学的理论与原理》，人民教育出版社1992年版，第244页。

24. 马立丽，金洪源著：《提高学科学习能力的元认知策略与培养》，辽宁科学技术出版社2016年版，第36页。

25. 马立丽，金洪源著：《提高学科学习能力的元认知策略与培养》，辽宁科学技术出版社2016年版，第37页。

（四）影响同化学习的重要因素

影响同化学习效果的重要因素可概括为：第一，学生大脑中可运用的知识是基础。一般说来，学生大脑中可用来固定新知识的知识越多，越有利于同化学习的发生。这些原有知识，可以从间接的书本知识中来，也可以从直接的生活经验中来。第二，原有知识的稳定性和清晰性是同化学习的首要因素。第三，原有知识与新知识的相似关系是同化的前提与关键。第四，同化的本质是异中见同的能力[26]。

四、认知同化理论对思维澄清课堂建构的影响

烟店镇中学是一所典型的乡镇初中，20%～30%的优秀学生被民办学校和城里公办学校"虹吸"走了，学生的基础普遍较差，要完成思维澄清课堂，使80%的学生学会80%的内容的目标，实行"低重心"教学是一种策略，预埋"先行组织者"也是一种策略。

奥苏伯尔最早是在1960年提出"先行组织者"这一概念的。所谓先行组织者，实际上指的是以学习者已经熟悉的知识为基础而设计出来的一套清晰的、有组织的引导性材料。这些引导性材料，充当新旧知识联系的桥梁[27]。思维澄清课堂中，我们所设计的"循环大听写"和"知识前探"实质上就预埋"先行组织者"策略的活用。

---

26. 马立丽，金洪源著：《提高学科学习能力的元认知策略与培养》，辽宁科学技术出版社2016年版，第36页。

27. 于源溟等著：《现当代教育理论与实践艺术》，科学普及出版社2001年版，第113页。

第四章　思维澄清课堂的流程与理论解释

任何一种新课堂教学模式都必须要有自己的操作流程。思维澄清课堂的教学流程可概括为"五段四助三反"，即"五四三"教学模式。

"五段"包括：大脑知识激活——新知探究理解——典型例题精讲——变式习题训练——课堂总结反思。"大脑知识激活"阶段主要的目的是激活学生大脑中与本节课中所学新知识相关联的旧知识，同时也是为了保持学生头脑中已有知识的活性。"新知探究理解"就是在教师的指导下，利用知识固定点同化新知的过程。"典型例题精讲"就是利用学生更愿意做题的心理，利用解题练习加深对知识的理解和运用。"变式习题训练"就是进一步巩固学习效果。根据烟店镇中学的学情，新授课主要是平行练习，复习课和讲评课才是真正意义上的变式练习。"课堂总结反思"阶段包括两个部分，即总结和反思。总结本节课所学的陈述性知识、程序性知识和策略性知识。反思学习态度、学习方式和其他感悟等。

"四助"是指一堂课要安排学生四次"同心互助"，分别在旧知激活阶段、新知探究阶段、例题精讲阶段和变式练习阶段。每阶段的互助形式、方法不同，各学科的互助形式也根据学科特点分别设计。

"三反"是指在一堂课的教学过程中，学生进行三次反思，分别安排在新知探究阶段、变式练习阶段和总结反思阶段。各阶段反思形式不同，反思的工具也多样。例题精讲阶段之所以没有安排学习进行自我反思，原因是教师的例题精讲本身就有一个反思阶段。

"五四三"教学模式是思维澄清课堂新授课的基本教学模式，教师可以根据不同内容进行变式应用，可以是"五四四"，也可以是"五五五"。复习课和讲评课变式运用就更为灵活。

第一节　思维澄清课堂"十八字秘诀"

课堂教学理念是一个人们耳熟能详，但找不到一个权威定义的概念。好在，作为课堂教学理念上位概念的教育理念已经有所研究。通过对教育理念本质的认识，我们也会间接地对课堂教学理念这一概念有基本的理解。

教育理念是教育主体在教学实践及教育思维活动中形成的对教育应然的理性认识和主观要求[28]。这是一个用"种差＋属"方法定义的概念，其最近的属为"理性认识和主观要求"，所包含的种差包括"教学实践和教育思维活动"、"教育应然"，这实际上构成了教育理念"种差"的诸多方面，反映出教育理念的基本特点。

教育理念可以概括出如下的特点：第一，教育理念是教育主体对教育及其现象进行思维的概念或观念的形成物，是理性认识的成果。第二，教育理念包含了教育主体关于"教育应然"的价值取向或倾向，属于"好教育"的观念。第三，教育理念来源于教育现实，是对教育现实的真知灼见。第四，教育理念是诸如教育思想、教育观念、教育信念、教育主张、教育看法、教育认识、教育理性等诸多概念的上位概念。教育理念对教育实践具有引导定向的意义[29]。

参照教育理念的定义，我们可以给思维澄清课堂理念下一个定义，思维澄清课堂的基本理念是在课堂教学改革过程中，逐渐形成的关于乡镇初中高效好课堂的看法。它是对过往高效好课堂已有经验和理念的扬弃，是我们探索实践所积累经验的升华，也是我们当下和未来一段时间深化课堂教学改革的指导思想。

思维澄清课堂的基本理念可概括为：低重心、小步子、慢推进、多互助、勤反思、步步清，我们把它叫作思维澄清课堂的"十八字秘诀"。

---

28. 眭依凡：《简论教育理念》，《江西教育科研》2000 年第 8 期，第 8 页。
29. 同上。

一、低重心

低重心是指教学目标要指向班级学习成绩较低的学生，我们提出了"让80%的学生掌握80%的教学内容"的口号。实现低重心教学有几个问题是必须要回答的，即为什么要实行低重心教学？低重心的标准是什么？低重心是否会影响优秀生发展？低重心教学何以能够高质量、高效率？

（一）实行低重心教学的理由

首先，是基于学情的考虑。作为典型的乡镇中学，烟店镇中学的特点可以归纳为"五差"，即外部环境差、基础差、学生差、教师差、办学条件差。前三者是绝对差，后两个是相对差。烟店镇是轴承之乡，拥有雄厚经济基础的同时，也拥有浓厚的重商传统，不利于烟店镇中学人文精神的养成。基础差是指由于各种原因，烟店镇中学的办学质量成为临清市"法定"倒数第一，整个学校处于一种躺平的状态，教师不思进取，学生等待毕业。学生差是指学生的整体质量较差。按照划片招生规则，烟店镇中学生源的家庭可分为三种类型：第一类是家庭经济基础雄厚，家长也重视子女教育。这类生源一般都会在烟店镇中学注册学籍后，就转到民办学校或通过关系转入城里学校。这类学生大概占烟店镇中学生源的20%。第二种是家庭经济实力雄厚，但家长本身没有什么文化，靠自己的聪明经商、办厂积累了一定的财富。这种家庭里充满了读书无用的论调，家长给孩子灌输了许多不正确的价值观，这些孩子带着不正确的价值观到学校，目的就是长身体、交朋友、拿文凭。无数的教育案例和教育研究证明，价值观不正确的孩子是最难教育的孩子，教师的种种努力都会被他们错误的价值观轻易抵消。这类生源大部分进入到了烟店镇中学，大概占所有生源的60%。第三类是家境相对贫寒，但父母有着正确的价值观，希望孩子通过读书，改变自己的命运和摆脱家庭的窘境。这类孩子坚信读书可以改变命运，价值观正确合理，做人往往正派，学习动力较充沛，是实际进入烟店镇中学读书学生中的优秀生，此类学生约占生源比的20%，大部分进入烟店镇中学，每个班级大概有10名左右。烟店镇中学的三类生源构成了"鼎状结构"。两只鼎耳上占着各20%的学生，60%的学生构成了鼎身。实际入校学习的学生则构成"冰山结构"，即优秀者占比25%，较差者占

75%。面对如此不合常规的教育群体，如果不进行低重心教学，教育重心就会上浮到只指向前 25% 的优秀学生，主体部分的学生就会被抛弃，最后的结果就是学校学风糜乱、教师躺平、优秀生得不到较好培养。

其次，是基于依法依规办学的理念。对烟店镇中学这种"冰山结构"式学生构成的学校，最有效的策略就分层分班教学，即分出快慢班。但在目前的法律法规和社会舆论环境下，分班分层教学是不可能的。一是，分快慢班违背了教育机会公平的原则。二是，社会舆论环境也不允许分快慢班。

既不想昧着教育良心抛弃后进生，又不能违规办学，供我们选择的只有一条路，那就是探讨课堂教学的科学化，实行低重心教学。

（二）低重心的标准

低重心的标准已经蕴含在我们所提的口号中，即"让 80% 的学生掌握 80% 的教学内容"。通俗地讲，就是要使大部分学生能够学会课堂知识，跟上班级学习进程。这一标准，如果按照国家课程方案的标准，安排每一课时的教学内容，城里的优秀学校也达不到。要"让 80% 的学生掌握 80% 的教学内容"，当然就需要降低课堂教学难度。

降低了课堂教学的难度就会出现另外一个问题，即能够完成国家课程标准所提的要求吗？能够完成教材内容吗？再具体些，能够跟上临清市所组织的学业水平测试吗？这就涉及如何理解怎样才算完成了国家课程标准所提的要求？如何才算完成了教材内容？如何才算能够跟上学业水平测试的步伐？

如果说教师完成教材中所陈述的教学内容就算达到了要求，那么什么样的课堂都能够完成国家课程标准所提出的要求，因为不管最后的学业测验成绩如何，初中三年最后都会毕业。采用了低重心教学之后，学生的学业成绩更好，那当然就算更好地完成了国家课程标准的要求。

这里有一个具体的问题，即地方教育行政部门为了督促各类学校，都会定期组织学业水平测验。降低了教学重心，每节课的教学内容减少了，教学推进速度变慢了，那么能够跟上教育行政部门组织的学业水平测试的节奏吗？回答是能。采取的具体措施是在课堂教学中增加了"循环大听写"环节，使学生学会的知识在大脑中始终保持活跃的状态，知识遗忘程度较低，知识不会变"生"，复习的作用就相对变低。复习时教师不用再像过去那样，把要复习的内容再讲一遍，而是重点进行知识的系统化和典型题的讲解和练习，复习的时间被压缩，复习的效果却大大提高。

（三）低重心教学会使优秀生更优

低重心教学是否会影响优秀生的发展这一问题，是关系到思维澄清课堂能否得到全体教师拥护和响应的关键问题。如果说低重心教学只是把教学难度降下来，以保证80%的学生学会80%的教学内容，而不采取其他措施，优秀生既吃不饱，其他方面的能力也得不到培养，那当然会影响优秀生的发展。但思维澄清课堂的低重心教学策略，使教师不用为完成所谓"教学目标"而赶进度，可以为学生设计出多个思维加工的环节，使学生的思考更加深刻。在教学过程中，思维澄清课堂设置了"四助"环节，即每一节课让作为小师傅的优秀生与作为小徒弟的后进生互助四次。在互助活动中，师傅除了检查徒弟的学习情况外，主要是给小徒弟讲题、讲知识。从语言对思维的加工作用和学习金字塔模型中，所有学习方式中，我们知道最有效的方法是教授别人。教学过程的所有重点环节，小师傅都有为小徒弟"讲"的机会，这自然就澄清他们的思维、强化他们对知识的理解，对所学知识理解地更深、记忆地更牢。小师傅为了做称职的师傅，自然也会在各方面严格要求自己，使自己在各个方面都得到更好的发展。

（四）低重心教学是高质量教学的保证

低重心教学使优秀学生得到更好的发展，同样小徒弟也会得到应有的发展。小徒弟在小师傅的帮助下，能够基本理解知识，做基础性的题目，学习成绩自然也会提高。随着学习成绩的提高，那些因学不会而产生的负面情绪问题，自然也会得到解决。"同心互助"的学习形式，使优者更优，差者变优，师徒教学相长、共同进步。随着师徒的共同成长，班级的气氛也会越来越好，教学的难度也可缓慢加大，慢慢地教学就变得高质量和高效率了。但不管教学质量提高到何种程度，"低重心教学"，即"教学目标指向后三分之一的学生"这一原则永远不变。

二、小步子

苏联教育家赞可夫的"教学与发展"理论提出了著名的"高难度"和"高速度"的原则。这两大原则对我国基础教育产生了较大的影响，虽然自1978年杜殿坤先生把赞可夫"小学教学新体系"系统地介绍到我国已经过去了四十多年，但一些学校的校长在介绍经验时仍然会时不时提出"大容量、快节奏、反复练"的教学经验，并且指出其观点的理论根据正是赞可夫的"高难度"和"高速度"原则。其实赞可夫所提出的"高难度"和"高速度"原则，完全否定了传统教育学中的"量力性原则"和"巩固性原则"，包括它们的合理性也丢弃了。

根据烟店镇中学的学情，思维澄清课堂的"新知探究"阶段要进行"小步子"设计。"新知探究"阶段，每一节课的新知识至少要设计成二三个阶段，甚至更多。每一阶段都要进行学生探究——同心互助——学生记忆练习等多个阶段。"小步子"设计的心理学依据就是课堂上学生的注意力变化规律、三种记忆规律（感觉记忆、短时记忆和长时记忆）。

三、慢推进

慢推进是指教学过程的推进不能太匆忙，要适当慢下来，要有节奏。慢推进的心理学依据主要有两个：一是，三种记忆之间的转换规律，如果教学推进过于匆忙，学生在听课时，来不及注意感觉记忆中的信息使之转入短时记忆，对短时记忆的内容没有机会进行复述使之进入长时记忆，学生就跟不上教师讲课速度，就会出现注意力分散的情况，不听课甚至捣乱的现象就会出现；二是，人的思维过程不是小桥流水而间歇喷泉，就是说人的思维具有爆发性特点，人的理解很可能是长时间思考之后的突然顿悟。大脑的这两种工作特点，决定教学过程的推进要有节奏，不能过快。

慢推进具体表现在教学每一步的进展不能过快和每一步之间的转换不能太匆忙。

为什么每一步不能进展的过快呢？学习终究是需要学生亲自探究才能发生，这是教学的常识。但不知什么原因，教师们似乎忘记了这一常识，总是认为教学是教师的事。慢推进要求给学生充足的探究时间，使课堂学习真正发生。思维澄清课堂所设计的通过探究教材完成导学案的步骤、同心互助的教学方式、各种反思的技术，都是通过具体的程序保证学习的真正发生。

教学步骤之间的转换为什么不能过于匆忙呢？任何知识的学习都需要一个感觉、理解、消化、复习的过程，如果教学步骤之间的转换过快，学生学习知识的步骤就会省略，就会造成学生对知识要么理解不到位，要么消化不良。

四、多互助

思维澄清课堂的核心技术是"同心互助"，既是一种技术，也是一种价值追求。说是一种技术，就是说它能够保证学习的真正发生，使优者更优，使差者变优。说是一种价值追求，就是说"同心互助"的设计，不仅仅是为了提高课堂教学的效率，更在于对学生合作精神、沟通能力、表达能力的培养，更着眼于对学生核心素养的涵养和对适应未来社会能力的培育。

值得注意的是，思维澄清课堂与"同心互助"不是一个层次的概念，"同心互助"是思维澄清课堂的下位概念，是思维澄清课堂体系的一种技术。教学过程中强调多互助，但不是为互助而互助，互助的目的是实现"思维澄清"，是为了完成思维训练的目标。

五、勤反思

反思能力的培养，既关乎学生当下学习的效率，更关乎学生未来的发展。说反思关乎学生当下的学习效率，是指反思可以澄清学生的思维过程、可以总结学习过程的经验和不足、可以进行自我激励为下一步学习增加动力、可以培养学生自我管理能力和自我监控能力。说反思关乎学生未来的发展，是指反思是人离开学校后自我成长最重要的手段之一。

反思能力需要在反思活动中培养，反思活动需要反思技术的支撑。思维澄清课堂在多个环节设计了反思活动，包括典型题精讲阶段、变式练习阶段和总结反思阶段。前两个阶段把反思活动安排在此阶段的最后一步，总结反思阶段全程就是一个反思活动。

反思能力的培养，不仅是课堂教学需要承担的任务，也是学校各种育人活动同样需要承担的责任。理想的状态是学校的全部活动都要安排一个反思环节，在培养学生反思能力的基础上，养成终生反思的习惯。

六、步步清

洋思中学的四清运动，即堂堂清、日日清、周周清、月月清，曾蜚声海内，影响巨大。堂堂清是着眼于课堂的理解，日日清、周周清和月月清则着眼于复习。如果说堂堂清是后三清的基础，那么堂堂清的基础又是什么呢？我们认为是步步清。

思维澄清课堂六大理念共十八字，其价值追求是高效课堂，而高效课堂的最重要标志就当堂清，而当堂清的基础则是步步清。可以说，"十八字秘诀"就是围绕着步步清而制定的。"低重心"要求，相对降低了教学难度，使步步清有了希望；"小步子"设计使每一步教学内容相对较少，使步步清成为可能；"慢推进"放慢了教学进度，为步步清提供了时间；"多互助"使学生们对所学知识进行二次表征，加深了对知识的理解，是步步清的保证；"勤反思"为学生加工思维、澄清思维提供了时间和方法，使学生能够监控自己的思维过程、思维程序和思维方法，在知识的明晰度方面进一步加深了"步步清"。

第二节　新授课五段式教学模式解析

思维澄清课堂把教学分为五个阶段，即大脑知识激活、新知探究理解、典型例题精讲、变式习题训练和课堂总结反思。这五个阶段可以是一节的五个阶段，也可以是一个单元的五个阶段。

一、大脑知识激活

大脑知识激活是每一节课的起始阶段，在教师的引领下，学生重新激活大脑中已有的知识，从而使学生知识结构中的知识始终处于活跃的状态。需要激活的知识有两种，一种是作为知识固定点的知识，另一种是可能遗忘的知识。

课堂教学设立"大脑知识激活"阶段是思维澄清课堂相较于目前流行的课堂教学模式明显不同之处。要理解并运用好"大脑知识激活"阶段，我们就必须要回答如下几个问题：为什么要设立"大脑知识激活"阶段，如何选择需要激活的知识，如何组织这一阶段的教学活动。

（一）设立"大脑知识激活"阶段的理由

教师很可能一看到"大脑知识激活"就联想到"复习旧课导入新课"，其实思维澄清课堂的"大脑知识激活"阶段的设计与"复习旧课导入新课"的价值追求是不一样的。

新中国成立之出初，我国的基础教育界深受凯洛夫教育学的五步教学法的影响。凯氏五步是指组织教学、复习旧课、讲授新知、巩固新课、布置作业。凯氏五步法是在班级教学为基本学校教学形式下，总结当时苏联的教学经验概括出来的，具有一定的普适性，这种课堂教学阶段的划分直到现在仍然在潜意识中对我国教师的课堂教学产生着影响，当下仍然有众多教师是从复习旧课开始导入新知识的学习。这种方法是符合教学规律的，奥苏伯尔的认知同化学习理论对此进行了较彻底的解释。思维澄清课堂吸收了这一教学策略，但把它放到了"新知探究理解"阶段。"大脑知识激活"阶段的价值追求就是保持学生大脑中已有知识的"活性"，其所依据的心理学规律就是艾宾浩斯的遗忘曲线。"大脑知识激活"阶段所选需要激活的知识有两种，一是即将遗忘的知识，一是可以作为知识固定点的知识。

为什么要创造性地设立"大脑知识激活"阶段呢？从发生学的视角看，这一阶段发源于"复习旧课导入新课"。在剖析优秀教师的课堂时我们发现，那些教学成绩优秀的教师，经常会用复习旧课导入新课，两位成绩特别优秀教师在复习旧课时不但复习与本节课有关的知识，还不时地引导学生复习本单元、本学期已经学习的知识，结果他们的课程推进速度缓慢，到了单元结束、期中和期末结课时能够用来复习的时间很短，但他们的学生的测试成绩都非常好。在与这两位教师的座谈中我们发现，他们认为按照艾宾浩斯曲线的规律，及时复习要比遗忘后的重学效率要大几倍。教学改革委员会经过讨论认为，可以借鉴这两位优秀教师的经验，根据艾宾浩斯遗忘曲线的规律，在每一节课（包括新授课、复习课、讲评课）的起始阶段，设立一个"大脑知识激活"阶段。

（二）激活知识的选择

用于标识"大脑知识激活"的名称叫"循环大听写"，这个名称的确立有一个过程。最早的时候，文科类科目和半文半理科目（地理和生物）叫"循环大听写"，而纯理科类（数学、物理、化学）的名称叫"知识前探"。"循环大听写"主要是文科类学科用于巩固保持旧知识，其价值追求就是激活学生大脑中已有知识并保持其活性。而纯理科类的"知识前探"由主要前探与新知相关的旧知识，其价值追求则是建立同化新知的"知识固定点"。随着思维澄清课堂探索的推进，纯理科的教师们认为理科也需要"循环大听写"，而"知识前探"则后移到"新知探究理解"阶段。

"循环大听写"这名称反映出了我们对学生知识巩固和保持的基本看法。审视目前的初中课堂教学，教师们往往把初中三年的教学分成一段又一段，每一段都会经历一个"学习新知——遗忘——重新学习"的过程。这种遗忘之后再重新学习的安排，会严重影响学生的学习效率。"循环大听写"则把整个初中的学习看成一个整体，不再切分成一个阶段加一个阶段，而是在整个教学过程中，学生所学习的知识处于不断复习的状态，学生大脑的知识一直保持着应有的活性。

"循环大听写"的知识分为三类，第一类是上一节课的知识，第二类是前三节到四节课的知识，第三类则是学生可能要遗忘的知识。第一类知识的选择以陈述性知识为主，兼顾程序性知识和策略性知识，因为陈述性知识更容易快速遗忘。第二类和第三类知识则选择学生在听写过程普遍容易出错的知识，包括易忘、易混、易残缺的知识。

"循环大听写"的时长规定为 6 ～ 10 分钟。为什么要这样规定呢？因为学科特点不同，其所需要循环复习的知识多少也不同。一般说来，需要记忆量较大的学科，如道德与法治、历史、英语等学科可以用 10 分钟进行"循环大听写"，而数学、物理等理解和应用性的学科所用时间可短些，大约6分钟。各科目根据本科的特点规定"循环大听写"的时长。

"循环大听写"的步骤则可分为：听写、教师讲解、自查、同心互查、固化和展示六环节。

"听写"就是教师读、学生听和写。在听写的过程，教师要巡视教室，观察学生在听写过程出现的问题，为接下来的订正做好准备。找一个"同心互助"小组（二人）"爬黑板"，师傅在左徒弟在右，其他同学在自己的座位听写。有专门的听写本，听写本每页分为三个部分，即：听写栏、修正栏和固化栏。一条横线划在下部三分之二处，一条竖线划在从左到右的三分之二处，到横线处结束。这样整个页面分成三个区域，左上角区域是"听写栏"，用于听写。听写中每行多少字行，间距是多少，各学科可根据实际需要规定。要求学生听写要用行楷书写，字迹要工整，目的是养成学生认真书写的习惯。右上角空间构成"修正栏"，用于修正，学生自查时、师徒互查时可以把结果写在此处。每页的下三分之一空间则为"固化"栏，"订正"时段把所犯错误的正确答案重写一遍，以此来固化知识。"爬黑板"的学生以同规操作。

"教师讲解"以黑板上师傅的书写为对象，面向全体学生批改师傅的书写内容，结合听写巡视的结果，把听写错误内容的正确答案写在右侧三分之一处。这一过程教师可用多色笔标识和书写。

"自查"阶段，"爬黑板"的师傅参照教师的讲解和修正，把错误的内容在"固化栏"再写一遍，写完后观察徒弟的自查情况。自查阶段要求学生根据教师的讲解，用另一种颜色的笔把自己的错误标识出来，并用同颜色笔把正确的答案写在"修正栏"里。

"互查"阶段，师徒交换听写本相互检查，把"自查"阶段没有检查出的错误用第三种颜色笔标出。接着师徒之间纠错、讲解。一般情况下徒弟出错较多，师傅给徒弟讲解得多，但是有时师傅也会出现"自查"不到位的情况，此时徒弟就可以为师傅讲解。徒弟为师傅讲解具有很多好处，对提高徒弟的自我效能感和自信心很有作用，教师要注意运用此方法。

"固化"阶段，每位学生在"固化"栏把自己的错误重新书写一遍，通过"过度学习"纠正错误，正确固化知识。

"展示"阶段，教师可抽取一到两个"同心互助"小组，在展示台上展示自己的书写。徒弟可以谈谈自己的错误、收获，师傅可以总结一下本组合作的情况，说说自己的不足，特别要注意表扬徒弟的进步点。徒弟的进步点可以是正确率、正确率提高幅度、书写的认真程度、书写水平等，教师应教会师傅表扬徒弟的方法。

二、新知探究理解

新知探究理解阶段可再分为四个阶段，即出示教学目标引导新知定位阶段、出示解析"先行组织者"阶段、"同心互助"探究新知阶段、教师概括补充阶段。

（一）出示教学目标，引导新知定位

一般课堂教学的前两步都是导入新课和出示目标。思维澄清课堂的第一阶段设计成了"大脑知识激活"，这一步完成课堂教学已经进行了6～10分钟，再设计一个导入新课阶段总感觉不伦不类。教学改革委员会通过分析发现一般课堂的导入新课的作用与"先行组织者"的作用有类似之处，通过征求各学科主任的意见，决定取消导入新课环节，由"出示教学目标"直接导入新课。

教学目标最重要的作用就是导引学习进程，出示教学目标后最好紧接着出示评价标准和评价内容，基于评价的教学才有效果。一般的课堂上，教师教学出示目标后，要么直接进行新知的学习，要么点名让一位学生或全班集体高声朗读一下。让学生朗读教学目标表面上看起来能够引起学生的重视，加深对教学目标的印象，但通过学生访谈发现，这种出示目标的方法没有多大作用。教学改革委员会经过讨论决定出示教学目标后，教师可以进行两项活动。第一项活动是出示本节课的评价标准和评价内容，并且说明评价结果如何记入"同心互助"评价记分。第二项活动是寻找教学目标中的知识和能力在知识结构图中的位置，为新知定位。目前这两活动中第一项落实不彻底，如何基于评价进行教学有待进一步探索，新知定位得到较好的落实。

"新知定位"这一活动确立的理论依据是美国心理学家布鲁纳的结构主义心理学和奥苏伯尔认知同化学习理论的逐渐分化原则。布鲁纳强调认知结构在学习过程中的作用，强调学科的基本结构的学习。布鲁纳认为，学习学科的基本结构可以有如下好处：一是懂得基本原理可以使学科更容易理解。二是把所学知识用圆满的结构联系起来，有利于知识的迁移运用，达到举一反三、触类旁通的境界。三是可以提高学生对知识的记忆能力。四是结构和原理学习，可以缩小"高级"知识和"低级"知识的差距，有助于初等、中等、高等各级教育的贯通。五是可以简约教学内容。[30] 奥苏伯尔的逐渐分化学习组织原则要求学生，首先应该学习最一般的、包摄性最广的观念，然后根据具体细节对它们逐渐加以分化。现行的初中地理教材有意识地按照逐渐分化学习组织原则，来呈现教学内容，但大部分教材并不是如此编排，这就要求教师在新知呈现之前尽量为学生建立一个上位的观念。

教学改革委员会要求各学科开发本学科的知识能力结构图。结构图除一级纲目的文字要出现外，其他全部为空白。初一开学第一课，所有科目教师都要为学生描述本科目初中三年所要学知识和能力的结构，并把印刷好的高品质的结构图发给学生让其粘贴到教材扉页上。每一节课的"新知探究理解"阶段中，教师出示并解析完教学目标后，要指导学生寻找教学目标中所列知识和能力在知识结构图中的位置。此时只是找到位置而不填写内容，内容的填写放到第五阶段"总结反思"的总结阶段。

（二）埋设同化固定点

思维澄清课堂的"埋设同化固定点"策略是在总结"知识前探"策略的基础上，根据思维澄清课堂的特点提出运用的一种教学策略，它构成了"新知探究理解"的一个步骤。

"知识前探"策略是我们在数学教学中提出的一种铺垫策略。数学是一门连贯性非常强的学科，初中的数学学习需要许多小学数学知识为基础，而烟店镇中学的初中生中，小学阶段的数学基础能够满足初中学习的，一个班也就十几位。也就是说，如果按照通常的教法，班里只有十几位同学可以在班级里能够听懂教师讲授内容，这与我们提出的"让80%的学生学会80%的知识"的理念相悖。为此，在剖析优秀数学教师课堂的基础上，我们提出了

---

30. 于源溟等著：《现当代教育理论与实践艺术》，6页，北京：科学普及出版社，2001年版。

数学科目的"知识前探"策略。为保证80%的学生能够听懂课、跟上班，要求数学学科的教师在新授知识之前，要无限前探新授知识所在的知识链，直到全班80%的学生能够听懂新授知识为止。当然如果有人提出怎样才能证明80%的学生能够听懂数学课，对此是没有数据支撑的，因此这个标准是模糊的，是教师心中的标准，由教师根据经验或备课时由学科组头脑风暴集体判断。"知识前探"策略对数学学科教学质量的提高起到立竿见影的作用，当月的学业水平测试数学学科的及格率翻了一番。其他学科教师看到数学取得了成绩，也尝试着运用"知识前探"策略，同样取得较好的效果。

教学改革委员会通过研讨，决定在全校推广"知识前探"策略，并重新命名为"埋设同化固定点"策略。"埋设同化固定点"策略在奥苏伯尔认知同化学习理论中叫先行组织者策略。奥苏伯尔认为先行组织者在三个方面有助于促进学习和保持信息：第一，如果设计得恰当，它们可以使学生注意到自己认知结构中已有的那些可起固定作用的概念，并把新知识建立在其之上；第二，它们通过把有关方面的知识包括进来，并说明统括各种知识的基本原理，从而为新知识提供一种脚手架；第三，这种稳定的和清晰的组织，使学生不必采用机械学习的方式[31]。奥苏伯尔认为有两种先行组织者，一类是说明性组织者，另一类是比较性组织者。说明性组织者用于提供适当的类属者，它们与新的学习内容产生一种上位关系。另一类是比较性组织者，既可用于新观念与认知结构中基本类似概念的整合，也可用于增加本质不同而貌似相同的新旧概念之间的可辨别性。

"引导新知定位"其实质就是提供了说明性组织者，但教学中的先行组织者大多是比较性组织者。为了不增加教师的负担，我们对所埋设的同化固定点的类别不作区分。

埋设同化固定点可以采取以下策略：策略一，新知定位。策略二，复习那些能够成为新知固定点的旧知。策略三，提供与新知相关的情境。策略四，提供与新知基本类似的比较性组织者。策略五，提供貌似相同而本质不同的

---

31. 施良言著：《学习论——学习心理学的理论与原理》，人民教育出版社1992年版，第251页。

比较性组织者。

（三）师生同步表征知识

到此，思维澄清课堂正式进入新知探究阶段。

1. 知识表征与表征知识

要理解并熟练运用师生同步表征知识这一方法，首先需要了解知识表征的相关理论。表征（Represenlation）是个外来词，是哲学、心理学、图形学、语言符号学以及艺术等领域常用的概念，我们的日常生活很少遇到，对一般人来说比较陌生和晦涩。我们为什么用"表征"一词来替代传统课堂教学的诸如"学习""讲授""练习""合作学习"等词语呢？因为这些传统课堂教学常用的词语已经不能标识我们对思维澄清课堂的理解。另外，"从研究知识在大脑中表征入手研究人们解决问题思维障碍的形成，是目前为止发现的最容易迅速解决的途径之一"[32]。

表征是外来词，是经过翻译者词语选择而进入汉语的，那么翻译者选择"表征"一词来翻译"Represenlation"就必然有自己对"表征"所代表语义的想法。我们可以通俗地把"表征"理解为名词，即"表示的特征"，也可以理解为动词，即"表示特征的过程"。认知心理学家把信息在大脑中呈现和记载的方式称为知识的表征。呈现就是"表征"的名词性理解，即知识信息在大脑中的出现、表现、表达、表示、组合、建构的方式。记载，即知识在大脑中存储、记录的方式。

从"表征"的视角，我们可以把课堂教学理解为以教材知识为中介，通过师生共同表征教材知识，把学生对"新知"的表征水平提高到甚至超过教师对"此知"的表征水平的过程。教师通过自己在初中阶段的学习、备课的过程、多次的讲授，对当节课所要探究的知识已经达到彻底理解水平，也就是说其对知识的表征已经达到很高的水平。学生通过知识固定点的埋设和教师引导，就会产生同化新知识的心向，通过对新知的探究表征新知，通过对比教师的表征调整自己的表征，从而深化对新知的理解，努力达到教师对新

32. 马立丽、金洪源编著：《提高学科学习能力的元认知策略与培养》，辽宁科学技术出版社2016年版，第20页。

知的表征水平。

如何理解表征水平的高低呢？这就涉及表征的相关知识。

知识表征的形式

现代认知心理学称知识表征的形式为编码,编码分为形象编码和抽象编码。形象编码是指以图形、画面、表象等可感知的方式，将信息呈现和记载在大脑中。抽象编码指的是以词、概念、定义、命题等较抽象的方式，将信息呈现和记载在大脑中。形象编码是抽象编码的基础，抽象编码更体现事物的本质。表征的两种编码形式都很重要，对智力的形成的意义也不相同。教学中要将两者结合，避免因为知识编码单一导致智力出现某种缺陷。当然，由于不同年龄阶段学生编码的侧重有所不同，教学过程也应随之调整[33]。

课堂中知识的表征

不同表征形式所具有的共同信息内容，称作表征的内容。例如表征"鱼"，可以用汉字"鱼"，也可用英语"Fish"，也可以用鱼的定义，这里的"鱼"就是表征的内容。

课堂中知识的表征是个人表征、同侪同步表征和师生同步表征的相互交织不停转换的过程。

学习永远是学生自己的事，没有学习意向的学生不会发生学习活动，课堂的学习也就不会发生。个人表征是新知表征的基础，个人表征的过程可以激活学生大脑中的原有知识固定点，可以表达对知识的理解，为后面的同侪共同表征和师生同步表征提供可能。这是"先学后教"的根据。

同侪同步表征就是利用小组合作学习同步表征知识，同侪表征的优势是同年龄学生虽然也体现出不同水平，但学生大脑中的信息编码形式和水平都更接近，更容易产生共鸣。这是"同心互助"的根据。同侪同步表征即使达到了优秀者的表征水平，可能仍然存在着漏洞，这就需要师生同步表征。

33. 马立丽、金洪源编著：《提高学科学习能力的元认知策略与培养》，辽宁科学技术出版社 2016 年版，第 19 ～ 20 页。

师生同步表征知识是课堂中知识表征的重要类型，也是制约教学成败、效果优劣的关键因素。课堂上师生同步表征知识是有条件的，需要师生相互靠近。学生在听课时，要尽最大努力用教师的表征方式准确表征出教师所传授的知识内容，要在"同步表征观"的指导下，时刻发现教师的表征方式，模仿、反思教师的表征方式，最后把教师的表征方式纳入自己的表征方式体系中。教师授课时，采用学生能够表征出的形式进行授课，而不是采用教师自身擅长而学生不理解的表征形式。当师生达到同步表征程度时，即学生的学习发生时，教师应努力提升学生的表征水平，对具体的知识提炼升华达到概念和命题的水平，从而既达到对当下知识的理解掌握，又为后续知识的学习埋下固定点[34]。

2. 思维澄清课堂师生同步表征知识的过程

遵循"小步子"原则，要求教师在一般情况下把一节课所传授的知识分解成 2～3 个部分，分步探究。每一个小知识点大体按照以下几步进行：学生阅读教材、个人表征——同心互助、师徒同步表征——教师主导学生跟随、师生同步表征——同心互助，师徒二次同步表征。

第一步，学生阅读教材、个人表征知识

教师或出示导学案，或利用配套的同步练习册，或提出诱导性问题，学生按照教师的指导独立阅读教材，寻找问题答案。"读万卷书，行万里路"，阅读对学生的终生发展至关重要。这里阅读并不是语文课中阅读能力这一狭义的概念，而是大阅读的概念。每学科的阅读能力都有自己独特的要求，因此各个学科都要注意培养学生阅读本学科文本的能力。学科阅读能力培养既是表征理解知识的需要，也是学生读题能力、课外阅读能力的需要。

第二步，同心互助、师徒同步表征知识

学生在个人表征知识阶段，对相关知识进行了初步表征。就是说通过阅读教材、完成有关的题目，初步理解了相关知识。此时学生还有许多疑问，心理状态正处于"愤""悱"状态，急于表达，迫切需要指导。而班级教学

---

34. 马立丽、金洪源编著：《提高学科学习能力的元认知策略与培养》，辽宁科学技术出版社 2016 年版，第 21 页。

中教师一对几十个学生，根本没有时间给每位学生表达和提问的机会，即使教师下定决心给每位学生机会，等轮到后面的学生提问时，他们的"愤""悱"状态也已经消失。此阶段实行同心互助，"愤""悱"状态下的师徒互助的心向很强，当然就会有较好的效果。此时开展同心互助还有一个好处，就是会推动学生认真阅读教材、完成相关的题目，因为他们知道后面要进行同心互助，徒弟要被师傅提问，师傅要为徒弟解答疑难问题。

此处的同心互助一般的操作流程是徒弟先向师傅请求帮助，师傅为徒弟讲解相关问题。如果师徒同心互助后仍然有问题没有解决，师徒二人共同把问题梳理出来，准备下一阶段提问。师傅还需要整理思路，准备分享。

第三步，教师主导学生跟随、师生同步表征

此时学生已经基本完成对知识点的表征。教师可先组织学生提问，各同心互助小组提出自己的问题，教师汇总后列出几个问题。对梳理出的问题，由各同心互助小组以抢答方法解答。解答的效果记入小组的分数。

经过抢答环节，90%以上的问题会得到解决。教师根据学生回答的情况进行点拨、提炼、固化，形成基本的结论。

三、典型例题精讲

数理化科目的教材中有例题，文科和半文半理的科目一般也都在课后提供一定的练习题，这是因为要深刻的理解并运用知识必须要进行练习。

（一）理科类科目例题精讲

理科类科目的例题，特别是数学教材上的例题，都是专家千挑万选的经典题目，几道甚至一道例题就能够包含本单元或本节课学习的各种公式、解题思路等。通过例题的学习能够将学习内容举一反三，同时也有助于培养学生灵活运用知识的能力，提高其思维能力和解决问题的能力。北清学霸们总结自己学习数学经验时所说的"数学不会找例题"，就从侧面说明了例题在数学学习中的重要作用。思维澄清课堂的例题精讲分为如下的步骤：学生试做、教师巡视——教师引导、师生共审题目——教师板演、学生跟写——教师澄清解题过程，学生跟思——反思提升。

第一步，学生试做、教师巡视

教师出示例题后，让学生在练习本试做例题。教师巡视教室，完成两项任务，即发现学生思路堵点和较好完成解题的学生。如果题目容易，可以让较好完成的学生到讲台上展示一下。

第二步，教师引导、师生共审题目

审题是例题精讲的一个重要阶段，教会学生审题，学生才能学会做题。通过试做阶段，学生对题目已经有了初步的了解，因此师生共审题目阶段可以直接从读题开始。新授课例题精讲的审题与复习课和讲评课的审题不一样，不用进行知识定位，一般包括三点：首先，通过阅读题目材料，找到材料"所指"，即材料所说是什么；其次，寻找各"所指"之间的关系；最后，运用公式、定理等决定解题思路，教师一边读题，一边与学生一起完成以上三点，即完成审题。

第三步，教师板演、学生跟写

现在教室一般都是一体机与黑板一体设计，中间放着一体机，两块固定黑板、两块移动黑板。移动黑板闭合形成一整面四块小黑板组成的大黑板。移动黑板拉开，露出一体机，构成中间一体机，两边一块小黑板的结构。例题精读中要求教师必须要用粉笔板演，一体机只能起辅助作用。

教师板演从左侧小黑板开始。小黑板分成板演区、思维澄清区和总结反思区三个区域。如图 4-1 所示。

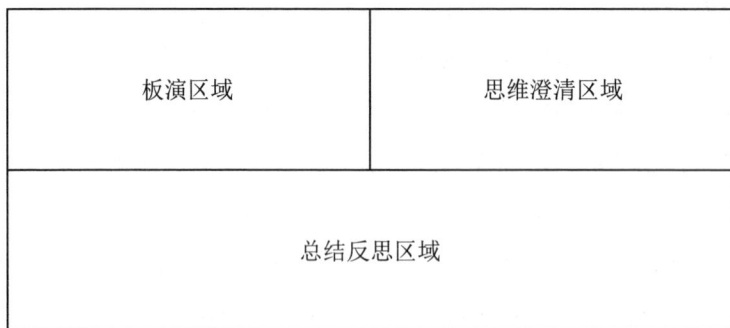

板演区域	思维澄清区域
总结反思区域	

图 4-1

教师讲题时要一边讲解，一边板书，板书要求书写工整，能成为学生仿效的模板。一个步骤讲解板书完成，教师要稍做停顿，给学生留出跟写的时间。在跟写时间里，学生在自己的练习本上把教师板演内容抄写一遍。

第四步，教师澄清解题过程、学习跟思

例题精讲完后，要进行思维澄清。教师要明确划分出例题有几步，用箭头符号指向思维澄清区，在思维澄清区中写出此步的名称。教师思维澄清之后，学生一边思考，一边把澄清的文字写在数学听课本的思维澄清区。

第五步，反思提升

思维澄清之后，要进行反思提升。反思提升的内容一般包括：本题所运用的知识、本题所运用的解题策略和技巧。总结反思阶段，教师只是点拨和归纳，不进行板书。学生按照教师提供的思维支架，用文字在总结反思区进行总结反思。

（二）文科类科目典型题精讲

随着社会的发展、教育改革的深化，教育价值追求越来越从知识的记忆转向能力的训练和素质的涵养，"核心素养"的提出更加快这一趋势。教师的教学重心也从过去的理解和记忆过渡到理解和应用。情境性的典型题就是知识的理解和应用的统一，它对训练学生的理解力、创新力和探索力作用巨大，因此我们强调文科和半文半理的科目虽然没有例题，但同样需要进行典型题精讲。

1. 文科类典型题的选择

文科和半文半理科目教材上一般不会出现例题，因此，这些学科的教师在典型题精讲阶段，首先要完成的工作就是选择典型题。

对文科和半文半理科目教师的典型题选择进行统计分析发现，主要题型是选择题、判断题和材料题，其中选择题和判断题是主要类型，材料题所占比例不大。教学改革委员会认为选择题和判断题不适合作为新授课的典型题，因为选择题和判断题主要功能是加深学生对新学知识的记忆水平，对新知识理解和应用作用不大，实现不了典型题精讲的价值追求。这种分析是有道理的。学生刚学习了新知识，新知识构成了大脑的优势兴奋中心，做选择题和判断题，直接就会联系到新知识。对选择题干扰项的处理当然需要智力活动，但其实与新学习知识的运用没有关系，只是一般性的智力活动。另外选择题和判断题对巩固新知不利，因为其干扰项会对记忆产生干扰作用。因此，要选择材料性的综合应用题作为典型题精讲的题目。

文科类典型题精讲要特别注意的问题是教师要注意解题策略和解题类型的归纳总结。

2. 文科类典型题精讲过程

文科类典型题的精讲步骤可以概括为：二析、一联、一表、一澄清。

二析是指析设问和析材料。任何题目都会有设问，有单问，有多问。教师引导学生明确答题的要求，审清设问的类型，从而找准答题方向。析材料就带着设问阅读材料，边读边勾画，在材料中的关键字、词、句上标记。

"一联"，即根据材料关键信息，联想教材中的相关知识点。由于典型题往往比较复杂，很可能会牵涉到其他单元的内容，因此多维度的联想是必要的。

"一表"，即把相关答案表达出来。通过二析、一联，学生头脑中已经有了解题思路，此时要求学生在思维澄清本上列出答案提纲。此时，学生之间可以展开"同心互助"活动，师徒两人交换意见，确定答题提纲。之后，学生个人在思维澄清本上书写答案。在这一过程中，教师要巡视教室，观察学生的常见性错误，寻找优秀答题者。学生结束书写后，教师可让一到二个答题相对正确的"同心互助"小组上讲台展示，基本要求是徒弟展示，师傅补充。教师根据巡视发现的问题进行点评、纠错，展示正确答案，提醒学生答此类问题应注意的问题，概括解题规律。

"一澄清"，即学生对本典型题的解题过程进行总结提升。具体的做法是让学生在"思维澄清本"上进行总结提升。具体的思维支架包括三部分内容：第一部分是本题所用到的知识，对需要准确记忆的知识要求写出知识内容，对只需要理解的知识可只写出概念。第二部分是此类题的解题思维规律、思路、应注意的问题。第三部分是解题感受和体会，有什么写什么，不要求字数，但必须写。

四、变式习题训练

变式练习是一种提高学生能力的重要教学手段，它旨在通过变化问题的条件或结论，来培养学生的思维能力和解题能力。这种方法强调对问题的多角度、多层次的变化，使学生更深入地理解问题的本质，提高其应对不同问题的应变能力。

（一）变式练习的设计

变式练习如何设计呢？教师可以针对原题进行一些改变，比如变换数据、改变提问方式、条件结论互换等，使题目变得更加复杂。

思维澄清课堂的变式练习设计中，理科类和文科类的要求是不同的。

数理化等理科类，特别是数学和物理科，要求变式练习的设计不能增加难度，但可以转换情境、改变数据或改变提问方式。变式练习的典型题目与例题不能存在明显思维梯度。这是我们从多次的当堂测验中得出的结论。在剖析优秀教师课堂时，多次在下课后立即进行当堂测试，题目就是教师讲解的例题，结果理化学科正确率超不过40%，数学的正确率30%左右，文科类和半文半理类学科的正确率在50%～60%之间徘徊。这个百分比非常神奇，如果把月末、期中和期末学业水平测试各门学科的分数折合成百分制，各科的平均分基本与上述正确率相对应，就是说例题（典型题）的掌握率与最后学业测验的平均得分率是相对应的，提高了例题（典型题）的掌握率，就会相应地提高了学科的平均分。可以进一步这样理解，例题（典型题）是提高平均分的钥匙，提高例题（典型题）的掌握率就会相应地提高科目的平均分。新授课阶段，只要求掌握例题（典型题），变式练习的目的只是为了巩固和强化，不是为了提高。从某种意义上讲，新授课的例题（典型练习）就是在学生大脑里"埋设知识固定点"，这个固定点越牢固，学生后续难题学习就越容易。如果变式练习与例题出现了思维梯度，变式练习就变成了难题练习，这种练习只会加速学生的两极分化。从这个意义上说，理科类学科的当堂练习，不应该叫变式练习而应该叫平行练习。

文科类和半文半理类科目，特别是纯文科类科目，由于抽象水平和思维强度的原因，学生对典型题的掌握率相对较高，因此变式练习可以适当增加难度。但根据我们对优秀教师课堂解析的结果分析，难度的增加也不易过度。变式练习的设计可以设计成平行练习。如果要设计成真正意义上的变式练习，这种变式练习也只能让思维转一个弯，即只能改变一个条件。

（二）变式练习的操作流程

变式练习的操作流程为：教师出示题目——学生在"思维澄清本"板演区域解题——教师巡视观察情况、发现问题——"同心互助"解决问题——小组展示——教师点拨、订正、固化解题思路——学生个人进行思维澄清和总结反思（在相应区域里）。

五、课堂总结反思

课堂总结反思是思维澄清课堂新授课最后一个阶段，这一阶段包括总结和反思两部分内容。

（一）课堂总结

课堂总结是对本节课所学习内容的梳理、概括，其目的是使知识条理化和准确化，从而固定所学知识。

1. 课堂总结的内容和维度

如何教会学生学会总结呢？首先，就要让他们知道总结什么，即总结的内容。其次，要教给他们总结的内容支架和语言支架。

总结什么呢？当然是本节所学的知识。认知心理学家（安德森）认为人头脑中的知识可以分为陈述性知识、程序性知识。

陈述性知识主要解决是什么、为什么、怎么样的问题，并且具有静态的性质，它的主要表征方式是命题或命题网络、图式、心理表象等。陈述性知识可以通过阅读、听课、观看各类媒体等形式获得。

程序性知识主要解决做什么、怎么做的问题，具有动态的性质，它的主要表征方式有产生式或产生式系统。程序性知识必须通过练习和实践才能获得。

认知心理学关于陈述性知识、程序性知识的划分，很好地覆盖了课堂教学中学生所学知识的范围。思维澄清课堂"新知探究"阶段所探究学习的知识基本上都是陈述性知识，例题（典型题）精讲和变式练习阶段探究学习基本上都是程序性知识。陈述性知识和程序性知识可以成为课堂知识学习总结的二个基本维度。

2. 课堂总结的语言支架

课堂总结的言语可以分为口头语言和书面语言。教师当然可以通过让学生用口头语言进行总结。口头语言具有易逝性的特点，它对思维的条理性、逻辑性、深刻性的促进作用有限。如果时间允许，教师尽可能要求学生用书面语言进行表达。为了快速提升学生的课堂总结能力，提供相关的语言支架是必要的。

语言支架就是在表达的过程中，帮助作者组织思路，构建语篇框架，使文章条理清晰、层次分明的工具。简言之，就是给予语言模板，搭起语言表达的架。提供了语言表达支架的课堂总结，学生实际上就是在进行知识填空，这种在逻辑框架中的填空能够起到梳理知识、训练思维的作用。各学科可以根据自己学科的特点，设置自己的课堂总结语言支架。

（二）反思的内容和语言支架

反思属于人自我思考的一部分，它能够帮助人认识自己，更好地了解自己的内心世界，发现自己的不足，并采取措施改正。反思让人更加警惕、严谨、聪慧、成熟，不断完善自己。反思能力的培养，既是当下学习的需要，也是学生未来发展的需要。

在认知心理学家看来，反思其实就是策略性知识的应用。策略性知识是指学习者在学习情境中对学习任务的认识，对学习方法的认识和对学习过程的调控。是由学习方法、学习调控和元认知等要素构成的监控系统。可以作为程序性知识的一个部分，即自我监控和程序性知识。

反思其实就是策略性知识的总结，各学科同样需要根据学科特点总结出具有自己学科特点的反思语言支架。

第三节 复习课教学模式

思维澄清课堂的三大基本教学模式是针对学生学校学习的三个主要阶段而建构的。学生的学习是按照新知探究、复习巩固、检验提升三个学习阶段依次推进的，为满足学生三个学习阶段需要所建构的新授课教学模式、复习课教学模式和讲评课教学模式也前后相连，共同构成思维澄清课堂的三种教学类型。

思维澄清课堂的新授课教学模式针对烟店镇中学的学情进行了创造性的设计，经过新授课学习的学生，其学习状态必然会出现新的特点，复习课教学模式的设计必须要适应学生学习状态的新特点，满足他们的特殊需要。

一、思维澄清课堂视野下的学生复习

思维澄清课堂体系下的复习是新知探究后的学习过程，经过了思维澄清体系下新授课模式学习的学生，大脑中的知识有什么样的特点呢？回答这个问题需要探讨思维澄清课堂的新授课解决了通常意义下新授课所没有解决的问题。

（一）通常意义复习课的所为

通常意义上的复习课一般会进行如下工作：

1. 系统复习知识

复习时，要全面对一个单元、半个学期、一个学期所学知识进行复习，既要注意对基本概念、基本要点、基本规律、基本原理等知识的复习，也要关注对原则规则、方法步骤等知识的复习，同时注意对知识进行"点—线—片"的系统整理，要对过去所学的分散、零碎的知识要点进行系统的梳理、总结，使之纵成线，横成片，从而使知识结构脉络分明。

2. 进一步完善知识

在第一次学习时，由于各种原因导致学生学习错误、学习偏颇或学习不全面、不到位等，所以需要在系统复习的基础上进行查漏补缺。具体说来包括：

挖掘知识：有些知识靠一次学习是不可能完全理解的，因此在第一次学习时，不能展开也不宜展开，不能挖掘也不宜挖掘，这一工作要在复习时进行。所以，复习不是简单的重复，需要在原有的基础上进一步挖掘教材、拓展教材，以加深理解。

总结知识：一是总结知识规律，进一步加深理解。二是总结答题规范和方法技巧，提高应用水平。三是总结学习方法，进一步反思和调整自己，以便更加有效地学习。

3. 融会贯通知识

知识的融会贯通主要是靠综合练习来完成，具体说就是综合题的训练。通常复习课上综合题的处理步骤是：学生做题——教师讲题——学生订正。教师们往往把综合题训练叫作处理题，进展速度往往较快。教师们的心理中往往有一个潜意识，即一定要把考试可能考到的题目给学生讲解完毕，仿佛处理了学生就会了。这种认识其实是一种心理误区，教师讲了不等于学生会了，每一次考试结束教师说得最多的一句话就是"这个题在考前我专门讲过，问你们是否明白你们都说明白，结果你们却大部分不会做"。"教而不会"是复习课上综合题训练的最大问题。

（二）思维澄清课堂体系下学生复习时的知识状态

思维澄清课堂体系下，由于新授中的循环大听写和思维澄清技术，学生到复习时，其状态呈现出与普通复习课时的状态很大的不同。

1. 学生大脑中的知识处于激活状态

复习课通常都是在单元教学、月教学、期中教学、期末教学结束后开始的。学生在学习新知识的过程中，旧知识不断遗忘，到复习时已经遗忘了大部分。教师组织复习时往往是从头讲起，复习课就上成了第二遍的新授课，复习课的教学模式严格意义上讲与新授课没有太大的区别。

思维澄清课堂体系下的复习课，学生的状态则表现出完全不同的特点。由于新授课阶段每一节课都要进行循环大听写，所学的知识在艾宾浩斯遗忘规律的指导下不停地被循环复习。到复习阶段，各知识点在学生大脑中仍然处于活跃状态。思维澄清课堂体系下的复习课，已经不再需要像通常意义上的复习课那样进行知识点的复习，只需要实现知识从点到线、从线到面的梳理，以及挖掘知识和总结知识。

2. 学生已经初步实现了知识理解和知识运用

新授课中，在"低重心、小步子、慢推进、多互助、勤反思、步步清"的指导下，利用师生共同表征策略、同心互助策略、语言加工思维策略、总结反思策略，学生已经较清晰地理解了知识，学会了基本题型的解题策略。

思维澄清课堂体系下，复习课对知识理解和知识运用的要求也不同于一般意义上的复习课，它的重点是掌握习题类型和解题思路，同时通过对做题形式的改进引导学生系统、强化、活用知识。

二、思维澄清课堂体系下复习课教学模式

思维澄清课堂体系的复习课分为四个阶段，即系统知识、深化知识、转化知识和升华知识。

（一）系统知识

所谓的系统知识就是对本阶段所学知识进行系统化处理。所谓系统化包括当阶段知识的结构化和学科知识的系统化。当阶段知识的结构化是指理清当阶段所学知识之间的逻辑关系，使知识达到结构化的水平。学科知识的系统化是指本阶段知识结构化后，要把这些知识结构化地纳入到本学科的整体知识结构中。复习课的"系统知识"阶段只完成本阶段所学知识的结构化任务。

"系统知识"阶段可分为三步。

1. 学生个人自我结构化知识

复习课最易出现的现象就是单调乏味，机械重复，如此则易使学生产生"吃冷饭"的感觉。教师要通过开展内容新颖、形式多样的教学，拓宽学生参与的渠道，激发他们复习的兴趣。

思维澄清课堂体系下的复习课，知识点的复习已经不是重点，而知识的结构化和系统化任务则突显出来。为避免单调重复，学生个人自我结构化知识阶段，采用了画思维导图的策略，正式复习之前，要求学生画出本阶段所学知识的思维导图。

思维导图画在一张 A4 打印纸上，画思维导图的任务一般在正式复习前两天布置，如果能遇到周末最好布置成周末作业。

2."同心互助"完善思维导图

复习课的第一段是师徒合作，检查完善思维导图。首先，师徒两人交换思维导图，相互检查，相互学习。其次，徒弟讲解本人的思维导图。这一过程师傅要认真倾听，要跟上徒弟的思路，必要时可以在笔记本记录下自己的感受，同时思考如何为徒弟讲解。第三，师徒共同讨论，完善徒弟的思维导图。如果师傅发现自己的思维导图存在不足之处，或者徒弟指出了师傅思维导图的不足，师傅可以进行自我修正。

3.大组讨论确定发言者

前后两对师徒形成大组。大组讨论时，四人分别展示修正后的思维导图，确定发言人，发言人一般都是大组长。随着"同心互助"的深入，可以逐渐过渡到二组长发言，甚至是徒弟发言。

4.全班展示

教师根据课堂巡示结果和各组发言机会的统计，遵循机会均等原则，一个大组主发言，其他大组补充。

主发言组的发言人要把自己的思维导图在展示台上展示，讲解时除了要解释思维导图的内容，还要说明本组成员最初思维导图中的错误。

主发言结束后，进入补充阶段。教师根据举手情况，选择一两个小组进行发言。

5.教师补讲

全班展示结束后，教师根据课堂巡视发现的问题，在全班展示的基础上进行补讲。补讲时首先要对全班展示进行评价，然后对学生理解的偏差进行讲解，要特别注意知识的查漏补缺。

（二）深化知识

所谓深化知识是指在"系统知识"的基础上，教师进行从点到线、从线到面的知识点拨。教师的点拨不要面面俱到，要抓重点、难点、易混点。教师要注意学科思想、学科思考方法的总结，同时关注学生发现问题、提出问题能力的培养，增强学生的问题意识，防止出现"复习即记忆"的倾向。

深化知识阶段教师是主角，但不应该是独角。为防止深化知识阶段成为教师的独角戏，可以从学生的问题开始讲解。让学生开放性地提出自己的疑惑，教师根据学生的问题从点到线到面的勾勒知识。深化知识阶段的教师讲解要少而精、要为转化知识做好铺垫。

（三）转化知识

所谓转化知识就是把"系统知识"和"深化知识"阶段所复习、总结、梳理的陈述性知识、程序性知识和策略性知识转化为运用能力。具体地说就是把知识转化为解题能力。

复习阶段的习题在典型性上与新授课的例题（数理化）和典型题（文科、半文半理）相同，但在层次性、开放性、思考性和实践性方面要更高。复习阶段的习题大体上包括两个类型：一是学生平时出错较多并且一错再错的习题；二是典型类型题。这种题一般具有较强的综合性，能够体现出某一类题目的解题思路和解题策略。

复习阶段典型题的处理有两种方法，即教师讲解和学生练习。

1. 典型题讲解

教师讲解典型题的原则是"少、精、透"。所谓"少"就是要控制数量，教师要根据学生的接受情况，本着"跳起来摘桃子"的原则，选择学生在有限的时间内能够接受的数量。所谓"精"就是具有代表性，要能代表某一类题目的解题思路。所谓"透"就是要努力使班上80%的学生都学会解题，并且能够适度灵活迁移。

为了保证典型题讲解的"透"，复习课典型题的讲解方法与新授课的例题和典型讲解方法相比增加了一些新要求。主要表现在增加了"题意分析"步骤和在"总结反思"中增加"解题思路分析"的内容。

复习课教师讲解典型题的第一步是进行题意分析。题意分析包括：习题信息的提取、知识定位、解题思路预测。习题信息的提取就是通过阅读习题内容，提取相关信息。所谓知识定位就是通过相关信息在大脑中寻找有关的知识，包括陈述性知识、程序性知识和策略性知识。所谓预测解题思路就是根据过往的解题经验，确定如何解题。新授课时题意分析教师一般只是用口头语言进行表达，而复习课的题意分析则要求教师用符号、关键词等方式，把所用到的知识和预测的解题思路板书到黑板上。之所以如此要求，是为了给学生的做题提供范例。

思维澄清课堂体系下复习课教师讲题，最后在黑板上呈现的内容就包括了题意分析、解题过程呈现、思维澄清过程呈现和总结反思四个部分。

2. 复习课学生典型题练习

复习课学生所练习的典型题是分层的。一般分为两层：第一层是一般难度典型题，第二层是难题，两者比例为6:4。师傅要求全部完成，徒弟只完成第一层即可，但鼓励徒弟完成第二层，徒弟完成难题有"同心互助"加分。

思维澄清课堂体系下复习课学生做题的方式要增加"题意分析"和"解题思路对比"内容，从而形成"题意分析—解题过程展示—总结反思"的解题模板。在复习课解题模板中，学生不再需要进行思维澄清，但在总结反思阶段增加了新的要求。总结反思阶段包括三个内容，即知识固定、解题思路对比和解题体会。知识固定是指对本题所涉及的知识，特别是那些记忆模糊的知识要加深理解、强化记忆，使之清晰地保存在大脑中。解题思路对比是指把预测的解题思路和实际的解题过程进行对比，从而澄清解题思路，固化大脑正确的思维方向，从而为讲评课的"顺向解题"策略落实提供条件。解题体会就是把自己解题时的灵感、困惑、感受等用文字表达出来。总结反思阶段的所有信息都要求学生用文字表达出来。

复习期间典型题练习与新授课一样需要交作业，对上交的作业教师可以选择性批改。上课时可分为以下几个步骤进行作业讲评：第一步，教师首先出示答案。第二步，对大师傅在一般难度典型题出现的普遍错误进行全班讲解。第三步，徒弟在一般难度上出现的错误由师傅讲解，教师巡视解答疑难。第四步，大师傅给小师傅讲解难题，徒弟重做自己做错的题目，教师巡视。

（四）升华知识

所谓升华知识就是通过总结反思过程使学生形成运用能力和解题智慧。这阶段的主要任务包括：明确该阶段包括哪些知识点、各知识点常见出题类型及解题策略。

总结反思阶段教师可以适当点拨，具体的总结工作由学生用文字进行表达。经过"同心互助"后，找一位徒弟、一位小师傅和一位大师傅依次先后交流。

第四节　讲评课教学模式

讲评课，严格意义上讲就是试卷讲评课。有人认为试卷讲评课是复习课的组成部分，但在思维澄清课堂体系下，讲评课被作为一个独立的课型。

一、学生对讲评课的心理期待

不管是平时的小测验，还是月考、期中考、期末考等，考试后学生都会对接下来的讲评课充满了心理期待。

（一）期待知道自己的成绩

考试结束后，大部分学生都急于知道自己的成绩，情绪比较高涨，而且对试题及自己的解题思路印象还比较深刻，此时讲评能够收到事半功倍的效果。如果不及时，等到讲评时，学生早已把试题忘得差不多了，而且情绪懈怠。

每次大考之后，教师一定抓紧时间阅卷，迅速统计数据，做好试卷分析，找准学生的心理，及时讲评，越快越好。

平时小测验则要遵循短、平、快的原则。"短"就是小测验不必拘泥于出题形式，简答题方便就出简答题，填空题方便就出填空题，五六个题可以构成一次小测验，二三个题也可以构成一次小测验。"平"就是要把小测验贯穿于平时的学习过程中，不停运用测验激励学生的学习。"快"就是教师批改要快、反馈要快，讲解要快，要做到当天测验、当天批改、当天反馈、当天讲评。

（二）期待得到教师的关注

学生期待讲评课，表面上看是期待知道自己的成绩，而内心却是期待被教师关注。被表扬当然是最希望得到的，就是被批评也知道是教师在激励自己，成绩稳定者也需要教师点一下自己的名字。

但现实的讲评上，教师最常讲的话是："这个题目，在新授课时我们当作变式练习做过讲过，昨天复习时我又专门讲了一遍，结果这次考试我们班80%的学生又做错了。竖子不可教也。"好像教师讲了学生就一定要会做，课堂成了教师自我表扬与责备学生的场所。教师不能一味地责备学生，其实学生答错了题目，既反映了学生学习的问题，也反映了教师教学的问题。教师既要从学的角度分析，也要从教的角度检讨自我，是自己的责任要主动承担。对优秀的学生当然需要表扬，对稍有进步的后进生，要在讲评时给予适当的表扬，对那些成绩稳定的学生也要多提提他们的名字。

二、讲评课的流程

讲评课与新授课和复习课存在明显的不同。首先，授课内容的来源不同。新授课和复习课的内容来源于教材，教师只是对已有内容排列组合，使之符合学生学习的需要。讲评课的内容来自试卷中学生的错误，教学内容靠教师自己发现、自己梳理、自己排列。其次，价值追求有异。新授课和复习课主要追求知识的理解和记忆，而讲评课则更倾向于追求知识的应用。讲评课的特点，决定了它的教学流程与新授课和复习课相比也存在不同。第三，活动方式不同。新授课和复习课中，教师会设计出诸多的活动方式，使学生从多角度理解知识。而讲评课的主要活动方式就是讲题做题，知识的融会贯通伴随着做题讲题的过程。第四，所处理典型题的性质不同。新授课和复习所处理的典型题，其设计目的是帮助学生加深知识理解，典型题的作用是辅助性的。讲评课所处理的典型题其设计的目的是考查学生对知识的理解，最终指向是对学生选拔，讲评课的典型题处理既是手段更是目的。

讲评课的诸多特点决定了它的流程与新授课和复习的诸多不同。讲评课的基本流程可概括为：课前准备——答题分析——"同心互助"解决离散性错题——师生共同表征解决聚集性错题——巩固拓展考试——总结反思。

（一）课前准备

讲评课教师的课前准备从阅卷时就开始了，具体包括四个方面的工作。

1. 做好评卷记录和数据统计

要将学生答卷情况做好记录，记清哪些试题答得好，哪些试题失分多，哪些因知识性失分，哪些因技巧性失分，哪些是普遍现象，哪些是个别现象。

2. 写好试卷分析

在做好评卷记录的基础上，教师要及时进行试卷分析。试卷分析可以从试卷评价、成绩统计与分析、存在的问题三个维度展开。

试卷评价可以从题目类型、命题覆盖范围、题量的大小和难易程度进行分析。试卷评价对学生来说意义不大，但却可以使教师对自己的平日教学做到心中有数，也可以为教师讲评中的激励内容和方法提供依据。

成绩统计与分析包括三个方面。第一，一分三率统计。一分即平均分，三率即及格率、优秀率、过差率。第二，分数段统计。百分制下，60分以上可按5分为一段统计人数，60分以下可按10分为一段统计人数。第三，各题的得失分及在学生成绩中的表现。重点统计每题的失分率，及各分数段学生在这种题型中的得失情况，是否带有普遍性的问题。各题失分率统计意义较大，它决定了讲评中教师对这一题或这一类题的处理方式。第四，学生卷面与总成绩的相关性。这一统计一般为教师所忽视，但非常重要。学生卷面的整洁度、美观度与总成绩按规律讲是正相关的，教师讲评中呈现统计结果，会引起学生对卷面书写的重视。

存在的问题可以从学生学习方面的问题、教师教学方面的问题和班风的问题三个维度进行提炼。梳理问题的基本原则是具体性和可改性。具体性就是对问题的分析要尽量具体，不要总结出学生学习动机不强、上课不认真等动机类原因，要指出学生学习过程是复习不及时，还是练习做的少等方法类原因。可改性，即教师梳理的问题要用行为动词表示，这些问题存在于学生的学习行为中，改变行为即能纠正问题。

3. 根据讲评课课堂结构写好教案

写好教案是上好任何课的基础，教师们对新授课、复习课和讲评课教案的重视程度是不一样的。有的教师讲评课前不写教案，讲评时从第一题讲最后一题。讲评课更需要写好教案，因为讲评课没有现成的内容，讲什么、怎么讲都由教师自己决定，如果计划不好，教学效率就得不到保证。

思维澄清课堂体系下的教案包括三个部分：第一，答题分析。第二，通过"同心互助"处理的题目及步骤。第三，通过师生共同表征处理的题目及步骤。

4. 研发好强化练习测验题

为防止"教而不会"现象的出现，讲评后的题目要及时进行强化练习。需要强化练习的题目，主要来自错误率较大的题目。强化练习测验题的研发要坚持针对性和灵活性的原则。所谓针对性就是要根据学生的出错情况出题。如果是某题某步出了问题，则可以把这一步挑出来设计一个小题；如果是因为知识点记忆不牢而出现的错误，则可以出一个纯粹记忆类的题目。所谓灵活性与针对性一脉相承，根据出错情况，需要出小题就出小题，需要出大题就出大题；需要平行练习就平行练习，需要变式练习就变式练习。

（二）答题分析

答题分析是面向学生的，因此重点包括：本班在年级中的位次、成绩在60分以上学生名单、进步最快的学生、优秀学生的退步情况。答题分析的主要目的是激励学生学习动力，因此，教师不要把答题分析讲成试卷分析。

（三）"同心互助"解决离散性错题

一套试卷中各道题的难度是不一致的，学生出错的数量和程度也肯定是不一致的。从错误的集中度来看，可以把试卷中的题目分为离散性错题和聚集性错题。离散性错题占整张试卷的大部分，可以分为两类。一类是没有或很少有差错的题目，另一类则是部分学生有差错的题目。聚集性错题则是大多数学生都有差错的题目，这类题目往往迷惑性、综合性较强，要正确解答至少需要思维的两三次转弯。

离散性错题的处理过程可以概括为：教师公布答案——学生自查自纠——师傅之间"同心互助"——师徒之间"同心互助"——徒弟解题、师傅整理错题本—教师点评。

1. 教师公布答案

教师划定离散性错题，然后公布这些错题的答案。

2. 学生自查自纠

学生通过以下三步进行自查自纠。第一步，查做错了多少题，分析做错的每一道题考查了什么知识点。第二步，查做错题的原因有哪些，包括回忆自己答道时哪些知识点出现记记模糊？答题时的思维阻点是什么？答题时判断的犹豫点是什么？第三步，对照参考答案，纠正错题。对因知识点模糊而答错的题目，要找到教材重新记忆，完整地固定知识；对因存在思维阻点而答错题目，要进行知识的前钩后联，理清解题思路；对因干扰项太多，存在判断时犹豫不决而做错的题目，要进行知识的辨析和对比，理清知识之间的区别与联系。

3. 师傅之间"同心互助"

自查自纠阶段，学生会出现进度差异，师傅与徒弟之间会出现时间差。徒弟继续进行自查自纠。大师傅与二师傅完成自查自纠后，两人可以自动开展"同心互助"，相互解答疑问或进行讨论。两位师傅不能解决的问题，可以向教师请教。

在学生自查自纠和师傅之间"同心互助"过程中，教师的任务是巡视课堂。巡视课堂时，教师只是观察，不要主动说话，不要主动给学生辅导。学生自查自纠时，决不辅导，两位师傅完成"同心互助"后寻求教师帮助，则可以进行适当的讲解。学生自查自纠阶段和师傅"同心互助"阶段应尽量保持教室的安静，师傅间的"同心互助"、教师对师傅的辅导要求把音量压到最低。

4. 师徒之间"同心互助"

此阶段，师傅的"离散性"错题已经得到纠错，徒弟还有需要帮助解决的问题。徒弟向师傅寻求帮助，师傅对徒弟进行解答。当徒弟表示此题自己已经理解了，师傅则要求徒弟进行"回讲"。师傅通过解答徒弟的问题，进一步用语言对思维进行加工，实际上就是运用了"教授别人"这一最有效的学习方式。徒弟得到与自己知识表征形式接近的师傅"一对一"的辅导，"回讲"的过程实际上又是运用"教授别人"这一最有效学习方式。师徒互助能取得"一帮一、双提高"的效果。

5. 徒弟解题、师傅整理错题本

整理错题本是一种效果很好的学习方法，但对烟店镇中学这种生源较差的学校，要求徒弟整理错题本不太现实，因此在本步采用差异化策略，要求徒弟把自己还没有透彻理解的题目重做一遍，而要求师傅把自己的离散性错题整理到错题本上。

6. 教师点评

教师可以从以下两个维度点评。第一维度，学生的学习态度。可以从学生自查自纠的表现、"同心互助"过程的表现进行点评。第二维度，学生出现的典型错误。教师点评要简明、扼要、幽默、切中肯綮。

（四）师生共同表征　解决聚集性错题

为体现试卷的区分度，为体现考试的选拔功能，每张试卷总会有二到三个难度较大的题。对这几个难度较大的题目，除几个特别优秀的天才学生之外，大部分学生都会做错，甚至毫无解题思路。这两三个题目往往就是聚集性错题。

解决聚集性错题，处理方式比较接近新授课的例题（典型题）的处理方式，即师生共同分析题意——师生共同表征解题过程——教师进行思维澄清——学生复做——师生共同进行总结反思。

聚集性错题的解题程序一般可分为两种，一种是"手段—目标分析法"，另一种是顺向加工策略。

"手段—目的分析法"是当前学生解题最常用一种方法，也是大部分教师讲题的方法。其特点是读完一道题，便以该题结尾处的提问作为唯一解题目标，回头去寻找满足解决此目标的条件。问题解决，任务就算完成。［马立丽，金洪源著：《提高学科学习能力的元认知策略与培养》，辽宁科学技术出版社 2016 年版，第 85 页。］此法比较适合初次遇到的新题型和学生解题没有思路的情况，因此新授课的例题（典型题）和复习课的类型题的讲解一般都会用此种方法。手段—目的分析法从结论向已知推导，基本都一种线性逻辑，很少在学生头脑中建立起更多知识与问题之间的深层结构分类联系。这种解题方法的另一个弊端是每道题都需要从结论向已知推导，需要用较长的时间，到重要考试时做不完试卷是必然。因此对聚集性错题的讲解，教师要逐渐向顺向加工策略过渡。当某一阶段学习结束的结业考试中，学生应该至少有 60% 的题目可以用顺向加工策略，其他没有思路的题目则可以多花些时间用手段—目的分析法解题。

顺向加工策略与手段—目的法的思路正好相反，它是从条件直接到问题。例如初中数学中关于比较两个式子的大小，它的顺向加工解题策略就是：第一步，作差；第二步，变形化简；第三步，定符号；第四步，确定大小。这种顺向加工策略其实就是作比较两个式子大小的程序性知识，这一程序性知识再配上陈述性知识和策略性知识，就构成了这一类题的顺向加工策略。

这种顺向加工能力是不容易形成，教师必须要有意识地培养。新授课中所介绍的思维澄清技术，其实质就是帮助学生理清解题思路，但这种思路只是最基本的思路，或者某一种变式的解题思路。在复习课中我们所介绍类型题的处理方式，其实已经是在向顺向加工策略过渡。

讲评课聚集性错题的讲解，第一步可以采用新授课的思维澄清技术，总结出该题的解题思路。第二步教师应该提供相关的变式练习，同样运用思维澄清技术总结出解题思路。通过对多个变式解题思路的概括，总结此类题目解题的程序知识，并让学生理解和记住，以此形成此类型题的顺向加工能力。这也就是我们通常所说的要讲规律，要举一反三。当学生学会某一类题目解题的程序性知识后，这类题目的解题就可以采用顺向加工策略，以后的考试就会大大节省时间，当然也容易得高分。

（五）强化练习测验

试卷讲评完毕，或者试卷某一部分讲评结束，可进行强化练习测验。强化练习测验的目的是巩固和拓展。巩固就是把那些似是而非的题目再考一次；拓展就是开拓学生的解题思路，也就是强化学生的顺向解题能力。

强化练习测验要遵循灵活性原则。可以采用"短、平、快"的方式，一次出上两三个题，即做即改即评，也可以针对聚集性错题出几道变式练习，引导学生总结解决规律，形成顺向解题能力。

第五章 思维澄清课堂文科类教学模式

第一节 语文课教学模式

语文学科"思维澄清"新授课（阅读）教学模式

《义务教育语文课程标准》（2022年版）对语文教学实践提出以下几点要求：

1. 立德树人为核心。"新课标"强调语文教育应以立德树人为核心，培养学生的道德品质、文化素养和公民意识。在教学过程中，教师要关注学生的思想品德教育，引导学生树立正确的价值观、世界观和人生观。

具体话语：教师要关注学生的成长，关心学生的生活，关爱学生的心理健康，帮助学生形成健康的人格，培养具有社会责任感和民族使命感的公民。

2. 知识与能力并重。"新课标"要求语文教学既要注重知识的传授，也要注重能力的培养。教师要引导学生掌握基本的语文知识，培养阅读、写作、表达、交流等综合语文能力。

具体话语：教师要关注学生的知识掌握情况，同时要注重培养学生的阅读理解能力、写作能力、口头表达能力，使学生具备扎实的语文基本功。

3. 文化传承与创新。"新课标"强调语文教学要传承中华优秀传统文化，同时要培养学生的创新精神和实践能力。教师要让学生了解中华民族的历史、文化、艺术等方面的知识，激发学生对传统文化的兴趣和热爱。

具体话语：教师要引导学生阅读经典文学作品，了解中华民族的优秀传统文化，同时鼓励学生在学习中发挥创造力，勇于探索和实践。

4. 生活化与情感化。"新课标"要求语文教学要紧密联系学生的生活实际，注重情感的引导和激发。教师要关注学生的生活体验，将语文知识与生活实际相结合，让学生在感悟生活中提高语文素养水平。

具体话语：教师要关注学生的生活体验，将课堂教学与学生的生活实际相结合，让学生在感悟生活中提高语文素养，培养良好的审美情趣和人文情怀。

5. 信息技术与语文教学相结合。"新课标"要求教师要善于运用信息技术手段，提高语文教学的效果。教师要关注信息技术在语文教学中的应用，利用多媒体、网络等手段丰富教学内容，提高教学质量。

具体话语：教师要善于运用信息技术手段，如多媒体、网络等，丰富教学内容，提高教学质量，激发学生的学习兴趣，培养学生的自主学习能力。

学校位于农村地区，受地域、经济和文化等多方面因素的影响，学生来自农村家庭，父母受教育水平普遍不高，缺乏教育意识。这可能导致学生在家庭教育方面得到的支持不足，学生缺乏良好的学习习惯和学习方法。

基于以上方面的思考，教师们积极探索，探寻语文新授（阅读）课教学模式。

第一段：循环大听写

在语文新授（阅读）课中，我们采用了循环大听写的方式，以强化学生的基础知识和技能。循环听写的关键在于精心选择听写内容，确保学生能够全面复习和巩固所学知识。

1. 听写知识选择。循环大听写的内容涵盖了字词、常识、文体知识、注释以及古诗文等多个方面，这些都是阅读理解和表达的基础。

2. 听写内容比例。为了确保听写的有效性和针对性，我们设定了合理的听写内容比例。其中，上一节课的重点知识占40%，这有助于巩固学生的记忆；上次听写中的错误占30%，这有助于纠正学生的错误；向前探听的内容占20%，这有助于拓展学生的知识面；而社会时事新词汇占10%，这有助于增强学生的时代感。

3. 听写方式选择。我们采用了多种听写方式，以确保学生能够在不同的场景下进行有效复习。其中，一对师徒到黑板上听默是一种最有效的方式。

步①：教师先进行听写，要求学生按照规定的格式在作文本方格部分进行听写，并在旁批处订正错误。

步②：教师纠正黑板上师傅的错误，并进行强调，以便学生加深印象。

步③：学生各自对照黑板上的正确示范，进行自我检查和订正。

步④：师徒交换，进行同心互助1，相互帮助，纠正错误，共同进步。

步⑤：师徒反思（反思1）。"为什么会重复错误？"这是反思的重点问题，有助于学生找出自己的问题所在，避免再次犯错。

第二段：整体感知

在语文新授（阅读）课中，整体感知是非常重要的一步。

步①：教师使用知识树或思维导图的形式展示学习目标，使学生明确本节课的学习重点和方向。

步②：通过感知作者和背景信息，教师帮助学生更好地理解文章内容和思想。

步③：教师引导学生初读课文，标出段落，理解段意，简要概括文章内容。

步④：理清文章思路，教师帮助学生建立对文章结构的认识。

步⑤：师徒进行同心互助2，共同解决导学案中的问题，促进相互学习和进步。

第三段：品读赏析

在品读赏析环节，我们注重培养学生的阅读能力和鉴赏能力。

步①：汇总提炼，出示问题。我们总结上一环节中师徒未解决的问题作为精讲内容，这些问题通常是学生在阅读过程中遇到的难点和疑点。

步②：精读课文，答疑解惑。在这个环节中，我们引导学生精读课文，通过师生共同探讨疑难问题的方式，帮助学生解答问题。在这个过程中，我们强调学生思考为主，教师点拨为辅，旨在培养学生的自主探究和解决问题的能力。同时，我们还注重引导学生探寻和总结答题策略，以便他们在未来的学习中能够更好地应对类似问题。

步③：师徒反思（反思2）。在品读赏析环节结束后，我们会引导学生进行反思2："答题策略应如何运用到实际中？"这有助于帮助学生将所学答题策略与实际题目相结合，提高他们的解题能力和应试水平。

第四段：平行训练

平行训练是巩固所学知识和提高技能的重要环节。

步①：教师在文章中找与精讲环节同类型的题目进行练习。这有助于帮助学生巩固所学知识和方法，增强他们的应用能力。

步②：我们还会在同课、同单元、同册乃至整个初中阶段以及课外、中考题中查找相关题目进行练习。这有助于帮助学生拓展知识面和提高解题能力。

步③：当堂训练后出示答案，师徒互批，找出各自的优缺点。这有助于帮助学生发现自己的优点和不足，促进相互学习和进步。

步④： 进行同心互助 4，师徒共同解决问题，提高学习效率。

第五段：反思提高

反思提高是教学模式的最后一个环节，也是非常重要的一个环节。

步①：学生总结字词、基础知识、文学常识等方面的学习情况，查漏补缺，巩固基础。

步②：学生总结阅读方法和答题策略的学习情况，找出自己的不足和需要改进的地方。

步③：师徒完成反思 3。通过_____的学习，我学会了_____，以后要注意_____。

回顾学习过程，总结经验教训和注意事项。建立支架：通过什么的学习，我学会了什么，以后要注意什么。这有助于帮助学生建立正确的学习态度和习惯，提高学习效率和成绩。

总之，这种新授课（阅读）教学模式注重学生的基础知识和技能的掌握，强调整体感知和品读赏析的重要性，并通过平行训练和反思提高来巩固所学知识和提高能力。同时，我们还注重学生的自主学习和相互学习，培养他们的探究能力和合作精神。

语文学科"思维澄清"复习课教学模式

复习课，作为学习过程中的重要环节，其目的在于帮助学生巩固和深化所学知识，提升综合运用能力。典型的复习课教学模式，旨在通过多样化的教学活动，使学生能够全面、系统地回顾和巩固所学内容。

第一段：循环大听写（不断深化记忆）

步①：知识听写。通过听写，教师可以了解学生对知识点的掌握情况，发现学生在记忆和理解上存在的问题。在复习课的开始阶段，教师可以采用循环大听写的形式，对之前学过的知识点进行听写。这一环节与新授课模式相似，但侧重点不同。

步②：师徒反思（反思1）。反思问题为"新授课反复听写的知识为什么还会出错？"

在进行循环大听写后，教师应引导学生进行反思。例如，针对那些反复听写但仍然出错的知识点，教师可以引导学生分析出错的原因。通过反思，学生可以明确自己的不足，为后续的复习指出方向。

第二段：梳理知识 建构框架（ 构建知识体系）

在听写之后，课堂进入知识的梳理和框架建构阶段。这一阶段的目标是帮助学生系统地回顾和整理所学内容，形成清晰的知识结构。

步①：绘画本单元思维导图或知识树。教师可以引导学生通过绘制思维导图或知识树的方式，将本单元的知识点进行梳理和连接。这样做可以帮助学生形成系统的知识框架，加深对知识点的理解和记忆。

步②：相互交流 （同心互助1）。在绘制完思维导图或知识树后，师徒之间进行交流和检查，师傅和师傅之间可以进行补充和完善。通过互相学习和借鉴，学生可以发现自己框架中存在的问题和不足，进一步完善和优化自己的知识结构。

步③：展示优秀成品。教师可以选取一些优秀的思维导图或知识树进行展示，鼓励其他学生积极参与展示。展示和交流可以激发学生的学习热情，提升他们的学习成果。

步④：师徒反思（反思2）。"自己对已经学过的知识掌握全面吗？"是本次反思的问题。

在梳理知识和建构框架的过程中，学生应不断反思自己的学习情况。例如，通过检查自己的思维导图或知识树，学生可以评估自己对所学知识的掌握程度，发现自己存在的遗漏和不足之处，为后续复习提供方向。

第三段：综合精讲（典型例题的深入剖析）

在完成知识梳理和框架建构后，课堂进入综合精讲阶段。这一阶段的主要目的是通过对典型综合题的讲解和分析，教师帮助学生提升综合运用能力。

步骤：典型综合题精讲同讲评课（同心互助2）。

教师可以选取一些典型的综合题进行精讲，通过分析解题思路和方法，帮助学生理解和掌握解题技巧。同时，教师应鼓励学生积极参与讨论和交流，互相学习和借鉴。这一步骤要注意区别于新授课的单题训练，注重提升综合能力。通过讲解典型综合题，教师可以帮助学生将所学知识点进行整合和运用，提高他们的解题能力和思维能力。

第四段：反思提高（总结归纳与自我提升）

在综合精讲之后，课堂进入反思提高阶段。这一阶段的目标是帮助学生根据精讲情况对本节课所学内容进行总结归纳，进一步提升自己的学习成果。

步①：徒弟先总结，师傅补充。教师可以引导学生先进行个人总结，回顾本节课所学内容。然后，师徒之间可以补充和完善对方总结的内容，形成更加全面和准确的学习笔记。

步②：教师总结（同心互助3）。在学生总结的基础上，教师应进行总结和评价。通过回顾本节课的教学目标和内容，教师可以帮助学生进一步巩固和深化所学知识，同时指出学生在学习中存在的问题和不足，为后续复习提供指导。

步③：师徒反思。通过_____的学习，我学会了_____，以后要注意_____。

在反思提高阶段，学生应对自己的学习过程进行反思和总结。例如，学生可以思考通过本节课的学习，自己掌握了哪些知识点和解题技巧，以及在学习过程中存在哪些问题和不足。通过反思和总结，学生可以更加清晰地认识自己的学习情况和进步方向，为后续复习提供有力的支持。

综上所述，这种复习课教学模式通过循环大听写、梳理知识建构框架、综合精讲和反思提高等环节，帮助学生全面、系统地回顾和巩固所学内容，提升综合运用能力。同时，通过引导学生进行反思和总结，教师帮助学生发现自己的不足和进步方向，为后续复习提供有力的支持。

语文学科"思维澄清"讲评课教学模式

语文学科在考试中的特殊地位，决定了其讲评课的重要性与独特性。基于语文学科的特点，除了古诗词曲文及字词背诵外，大部分分值聚焦于理解性内容，这就要求我们在设计语文讲评课时，必须注重分题型讲解、练习、巩固与总结，确保学生能够全面、深入地掌握各个题型的知识点和解题技巧。

课前准备。在课前准备阶段，教师需要投入大量的时间和精力，对试卷进行详尽的分析。通过统计学生在各题型的失分情况，教师可以清晰地识别出学生普遍存在的疑难和误区，为后续的教学提供有力的依据。同时，教师还需要对试卷的难易度进行调研，通过设计问卷、学生交流等方式，了解学生对试卷的感知和反馈，确保教学能够贴近学生的实际需求。

第一段：循环大听写

针对试卷中背诵默写部分的失分点和易错点，我们将采用循环大听写的方式进行专项强化，帮助学生巩固基础知识，优化记忆效果。同时，教师将根据学生的表现，给予适当的表扬和鼓励，激发学生的学习兴趣和动力。

第二段：积累与运用部分讲评

步①：教师将首先为学生展示参考答案，让学生自行纠正错误。这一环节旨在培养学生的自主学习能力和自我反思能力。

步②：教师将引导学生进行同心互助学习，鼓励师徒之间聚焦不理解的问题进行相互探讨与解答。通过这种方式，教师不仅能够营造积极的学习氛围，还能够培养学生的合作精神和沟通能力。

步③：教师将再次进行听写，以检验学生对知识点的掌握情况，并为后续的教学提供调整的依据。

步④：师徒反思。在进行反思时，学生需要深入剖析自己的失分原因。是记忆不足导致的失误，还是理解偏差造成的错误？同时，教师也需要对学生的反思进行引导和点评，帮助学生更好地认识自己的不足并制定相应的学习计划。

第三段：现代文阅读讲评

步①：教师将为学生展示参考答案，并要求学生根据答案进行自我打分。这一环节旨在训练学生的自我评估能力和批判性思维。

步②：教师将引导学生分析失分原因，探讨答题策略，帮助学生提高阅读理解能力和解题技巧。这一步骤需要师徒相互叙述相关解题策略。

步③：平行训练。教师寻找同类题，让学生利用相关解题策略，进行专项训练。

步④：师徒反思。学生需要深入反思自己在现代文阅读中的表现。自己是否真正理解了文章内涵？是否掌握了答题技巧？如何在未来的考试中更好地应用所学知识？学生需要认真总结并制定相应的改进措施，为后续的学习提供有力的支持。同时，教师也需要对学生的反思进行点评和指导，帮助学生更好地认识自己的不足并制定相应的学习计划。

第四段：作文讲评

作文作为语文学科的重要组成部分，其讲评环节同样不容忽视。针对作文部分，我们将根据试卷的实际情况，采用多种方式进行讲评，如选取典型作文进行点评、针对普遍问题进行集中讲解等。同时，我们还将鼓励学生进行互批作文，相互学习、共同进步。通过这种方式，教师不仅能够提高学生的写作水平，培养学生的合作精神和团队意识，还能培养学生的批判性思维和审美能力。

第五段：反思提升

步①：在反思提升阶段，我们将指导学生利用知识树或思维导图等工具，对所学知识进行系统化整理与巩固。通过这种方式，我们帮助学生更好地掌握知识点之间的联系，形成完整的知识体系。

步②：我们还将鼓励学生持续反思自己的学习过程，总结所得与不足，为未来的学习制定合理计划。通过不断的反思和提升，我们相信学生能够更好地掌握语文学科的知识和技能，取得更好的成绩和发展。

步③：师徒反思3

通过＿＿＿＿＿的学习，我学会了＿＿＿＿＿，以后要注意＿＿＿＿。

在最后的反思阶段，学生需要全面总结本节课的学习成果。通过回顾自己在各个环节中的表现和收获，学生能够清晰地认识到自己的进步与不足。同时，学生还需要深入思考如何将这些成果应用到未来的学习中去，为自己的学习制定明确的目标和计划。只有不断地反思和总结，学生才能够在语文学习的道路上不断前行并取得更好的成绩。

第二节　英语学科教学模式

英语学科"思维澄清"新授课教学模式

（以模块为单位）

概述：英语学科"思维澄清"新授课模式是包括循环大听写、学习新知、互助检查、拓展检测、总结归纳等环节，层层递进地实现语言知识点的反复输入和输出，以提高学生的英语综合素质。

授课结构：以1个模块（U1+U2+U3）为学习内容，5节正课＋5节早读＋2节晚自习为日程安排，以同心互助为主要学习方式。

循环大听写→学习新知→互助检查→拓展检测→总结归纳

教学过程：

Lesson1-Lesson2（U1）：

第一段：循环大听写

复习听写导入

学生依据导学案的上一课重点来进行 2 分钟的复习，并以听写的形式对前课所学进行复习检测【师徒为主】。

第二段：学习新知

1. 明示本节课目标（U1 10 个单词 2 个句型及例句）＋互助学习新知（在导学案的帮助下）

教师领读单词——学生师徒互读——教师纠错——学生背诵——教师抽查提问【师徒为主】。

2. 教师讲授 U1 课文＋互助学习课文（在导学案的帮助下）

听录音，回答课后活动——再次听录音，学生跟读——学生结对翻译（一句英语一句翻译）——教师抽查并纠正读音【教师为主】。

第三段：互助检查

互助提问检查知识点／课文理解，教师抽小组展示并加分【师徒为主】。

第四段：拓展检测

1. 当堂测试对应练习（练习题在导学案上）

自行完成——展示答案——互助讲解【师徒为主】。

2. 教师抽学生讲解并补充说明【教师为主】。

第五段：总结归纳

1. 学生互助总结并反思本课所学，教师选同学展示并进行补充【师徒为主】。

2. 布置课后习题，学生独立完成【教师为主】。

晚自习 1：课后习题对答案，学生互助讲解，教师补充说明

学生反思今日学习问题，互助解答及询问老师【师徒为主】。

早读 1- 早读 2：互助预习新课单词、复习 U1 所学、循环大听写旧知＋新知

Lesson3-Lesson4（U2）：

第一段：循环大听写

复习听写导入

学生依据导学案上的前课重点来进行 2 分钟的复习，并以默写的形式对前课所学进行复习检测【师徒为主】。

第二段：学习新知

1. 展示本节课目标（U2 10 个单词 2 个句型及例句）＋互助学习新知（在导学案的帮助下）

教师领读单词——学生师徒互读——教师纠错——学生背诵——教师抽查提问【师徒为主】。

2. 教师讲授 U2 课文＋互助学习课文（在导学案的帮助下）【教师为主】。

学生泛读——学生精读——根据学案上的任务回答问题

第三段：互助检查

互助提问检查知识点／课文理解　教师抽小组展示并加分【师徒为主】。

第四段：拓展检测

1. 当堂测试对应练习（练习题在学案上）

自行完成——展示答案——互助讲解【师徒为主】。

2. 教师抽查学生讲解并补充说明【教师为主】。

第五段：总结归纳

1. 学生互助总结并反思本课所学，教师抽查同学展示并补充【师徒为主】。

2. 布置课后习题，学生独立完成。

晚自习 2：习题对答案，学生互助讲解，教师补充说明。

听写改错，学生回顾今日学习内容，互助解答及询问老师【师徒为主】。

早读 1- 早读 2：（先互助互查周末背诵任务即上个模块重点）

互助预习新课单词（在学案的帮助下）、复习 U1 所学、循环大听写旧知＋新知

Lesson5（U3）：

第一段：循环大听写

听写 U1 ＋ U2 重点

学生依据导学案上的前课重点进行 2 分钟的复习，并以默写的形式对前课所学进行复习检测【师徒为主】。

第二段：学习新知

学生互助学习模块相应语法，教师讲解补充。

自背知识点——互背互查——教师抽查——总结补充【师徒为主】。

第三段：互助检查

1. 互助完成 U3 习题

自己做——对答案——互助讲解——抽学生展示——教师补充【师徒为主】。

2. 学生互助学习课外拓展文章 Around the world 并完成简单的阅读任务

学生互读——结对翻译——完成简单任务【师徒为主】。

第四段：拓展检测

教师讲解文章，学生做好笔记【教师为主】。

第五段：总结归纳

1. 学生反思本模块学习任务的达成度，互助进行查缺补漏【师徒为主】。

2. 周末作业 复习本模块知识点＋较难的模块测试题

早读 5：背诵本 Module 所有重点， 循环大听写 ，互助预习新课单词（在学案的帮助下）【师徒为主】。

循环大听写日程内容安排：

每天听写：当日所学（5 个单词 1 个例句）＋前天所学（5 个单词 1 个例句）

每周听写测验考查：25 个单词＋5 个例句

每月听写测验考查：过去一月所学中的重点 40 个单词＋8 个例句

每两月（即学期中）听写测验考查：过去两个月所学中的重点 60 个单词＋12 个例句

英语学科"思维澄清"讲评课教学模式

概述：试卷讲评课是一种常见且重要的课型。通过试卷讲评，教师可以了解学生对知识的掌握情况，及时调整教学策略，帮助学生巩固所学知识，查漏补缺，提高综合运用英语的能力。

课前准备：

在讲评试卷之前，教师需要做好充分的准备工作。

首先，教师应认真批改试卷，对学生的答题情况进行统计和分析，找出学生在知识掌握和运用方面存在的问题。其次，教师应根据试卷的难易程度和学生的实际情况，制定合适的讲评计划，确定重点讲解的内容和方法。

互助讨论→质疑交流→拓展巩固→检测提高→总结归纳→整理反思

第一段：互助讨论

课堂导入是讲评试卷的第一步，也是激发学生兴趣的关键环节。教师可以通过提问、讨论等方式，引导学生回顾试卷中涉及的知识点，激发学生的学习兴趣和求知欲。

同时，教师还可以简要介绍本次讲评的目的和重点，为后续的讲解做好铺垫。【师徒为主】

第二段：质疑交流

互动讨论是试卷讲评的重要环节之一。在这一环节中，教师可以先组织学生进行师徒一对一讨论、全班讨论，让学生就试卷中的问题进行交流和探讨。互动讨论之后，让学生说明哪些是师徒合作中解决不了的问题。

通过互动讨论，学生可以相互学习、相互启发，加深对知识的理解和运用。

通过讨论展示，教师还可以及时了解学生的掌握情况，为后续的讲解提供有针对性的指导【师徒为主】。

第三段：拓展巩固

重点讲解是试卷讲评的核心环节。在这一环节中，教师应根据学生的讨论展示情况，针对试卷中的重点和难点问题进行详细讲解。

讲解过程中，教师应注重知识的系统性和连贯性，帮助学生构建完整的知识框架。同时，教师还应注重解题方法的指导和训练，帮助学生掌握解题技巧，提高解题能力。

在讲解完错题后，教师应根据学生的学习情况，进行适当的拓展延伸。可以通过引入相关语法知识、文化背景、实际应用场景等内容，丰富课堂教学内容，拓宽学生的知识视野【教师为主】。

第四段：检测提高

类题训练是对学生上课学习情况的一个测验，是必不可少的环节。通过设置一篇相同类型习题，测试学生上课对基础知识、考点知识、做题技巧等学习内容的掌握程度【师徒为主】。

第五段：总结归纳

总结归纳是试卷讲评的最后一个环节。在这一环节中，教师应对本次讲评的内容进行总结和归纳，帮助学生梳理所学知识，形成完整的知识体系。同时，教师还应强调学生在学习中应注意的问题和需要改进的地方，为学生今后的学习指明方向【教师为主】。

第六段：整理反思

布置作业是讲评试卷的延伸和补充，并且起到整理和反思的作用。在讲评结束后，教师应根据学生的学习情况和讲评内容，布置适当的作业，来巩固学生所学知识和提高综合运用能力。作业的布置应具有针对性和层次性，既要考虑到学生的整体水平，又要照顾到个别学生的特殊需求【师徒为主】。

总之，初中英语讲评试卷的课堂步骤包括互助讨论、质疑交流、拓展巩固、检测提高、总结归纳和整理反思六大环节。

在每个环节中，教师都应注重激发学生的学习兴趣和主动性，帮助学生巩固所学、查漏补缺，提高综合运用英语的能力。同时，教师还应根据学生的实际情况和学习需求，灵活调整教学策略和方法，以达到最佳的教学效果。

第三节　道德与法治学科教学模式

道德与法治学科"思维澄清"新授课教学模式

第一段：循环大听写

1. 听写内容：以时间视角来看，内容包括上节课所学知识、以往在循环大听写中出错率较高的知识及本学科的重难点。听写比例根据需要设计为4：3：3。听写内容类别如下：

第一类：基础知识，具有细碎、易混、易忘等特点。

第二类：结构性知识，内容多，数量大。

2. 听写方式：由教师出示问题，选择一或两个同心互助小组（一组两人）在黑板上进行听写，其他同学利用听写纸进行听写（听写纸格式附后）。听写过程中，教师需要不停巡视，观察学生在听写过程中易错、易混的知识点，为接下来订正、讲解和下节课循环大听写做好准备。

3. 同心互助。

步①：师徒核对答案，师傅纠正徒弟错误。

步②：徒弟修改后，自己思考两个问题考考师傅，师傅解释问题。加深同心互助小组的信赖，并且徒弟在思考中能进一步加深对知识的理解。

第二段：目标展示及知识定位

步①：导入新课。（选择以下方式的一种）

复习导入。教师口述或者提问本课相关的问题，激活学生原有的知识结构。

情境导入。构思本节课相关情景，导入新课。

辨析导入。为本节课相关易混知识做辨析，导入新课。

步②：展示教学目标。

目标的设定做到和新课标中政治认同、道德修养、法治观念、健全人格、责任意识五大核心素养相结合。

步③：知识定位。

同心互助小组互助合作，确定教学目标展示的知识在初中整个知识大体系中的位置。教师展示完整的知识结构图，请同学们选择空白处填上，教师检查。

第三段：新知学习

步①：教师提出问题并展示。一种是根据教材内容让学生自己写出题目，另一种是根据题目内容，请同学们自己在教材上总结答案。

步②：学生感知教材，提取信息。培养学生阅读教材的习惯和能力，加强自主学习，深化思维能力，学会自己构建知识体系。

步③：同心互助，明晰问题。同心互助小组合作，相互交流看法，形成统一认知。

步④：课堂展示，师徒上台。随机选取几个同心互助小组上台展示，师生共同研究，选取最为适合的答案结果。

步⑤：同心互助，巩固知识。学生理解记忆本节课所学知识，同心互助小组互查。徒弟由师傅检查，师傅由教师随机抽查。

区分各年级道德与法治背诵特点。七年级上学期至八年级上学期这三个学期，知识数量少，易于理解记忆。在这个阶段，教师重点培养学生分析能力和总结概括知识的能力。八年级下学期至九年级下学期这三个学期，知识总量大，理解难度大，难以记忆。这个阶段主要培养学生自主学习能力，包括形成策略性知识、掌握理解记忆技巧、巧用关键词等。

第四段：典例精讲

步①：完成例题

学生自主完成例题，教师公布答案，请同学们自己对照答案进行改错。学生思考出现的问题，自己总结出错的原因，澄清思维误区，提出解决办法。

步②：同心小组互助合作

徒弟就不理解的地方请教师傅，师傅解答问题。师傅之间也可以相互探讨，采取就近原则。

步③：请同心小组上台展示，全班师生共同总结答案。

第五段：反思和总结

步①：总结。安德森（J.R.Anderson）根据知识的状态和表现方式，把知识分为陈述性知识、程序性知识和策略性知识。陈述性知识是关于是什么、为什么、怎么样的描述，是对事实、定义、规则、原理等的描述；程序性知识，即操作性知识，是关于"怎么做"的知识。程序性知识是自动化了的关于"行为步骤"的知识——它实际上是传统意义上的技能。策略性知识（strategic knowledge）是关于如何学习和训练思维的知识，即个体运用陈述性知识和程序性知识去学习、记忆、解决问题的一般方法和技巧。如知道如何写好作文。从本质上看，策略性知识也是程序性知识，但和一般的程序性知识有所不同。一般的程序性知识是完成某种具体任务的操作步骤，而策略性知识则是学习者用来调控学习和认识活动本身的，其目标是更有效地获取新知识和运用已有知识来解决问题。只有在策略性知识的指导下，陈述性知识和一般程序性知识才能被有效地加以应用。

教师帮助学生总结本课知识，通过布置作业的方式来提高学生分析和概括知识、运用所学知识解决问题的能力。引导学生树立正确的价值观，培养爱国情感。

步②：反思

听课态度情感方面的反思。

学习习惯方面的反思。

学习方法方面的反思。

其他方面的反思。

附件1：道德与法治学科听写纸格式

听写区	订正区
	日期：
固化区	
日期：	

道德与法治学科"思维澄清"复习课教学模式

第一段：知识系统化

步①：学生自主复习。回忆知识的生成过程，翻阅教材、资料，将所学知识前后贯通，将知识进行联结，对照课堂笔记，画出思维导图，以作业的形式交给教师批阅。

步②：同心小组互助。根据教师批阅的内容，师傅帮助徒弟订正、纠错、修正和补充。

步③：课堂展示。选择一个或两个同心互助小组上台展示。

第二段：知识模块细化

步①：教师在钻研《课程标准》和《考试说明》，研做中考试题及期中期末历年原题的前提下，向学生说明复习的内容和要求。

教师展示课件，对本课复习内容细化、提炼、分析，帮助学生们重新加深对重难点的认识。请学生们根据细化过的知识模块换位思考，以出题者的立场，思考测验时如何考察这些知识，让学生全面、准确地掌握教材内容，加深理解。教师将各知识点与当前的社会热点相结合，将知识内涵与外延，理论结合实际精选例题讲析，从而达到中考或解决实际问题的需求。近年来学业水平考试试题，越来越体现"题在书外，理在书中"的特点，突出体现政治学科的时代性和政治性，注重考查学生理论联系实际的能力。从小切口深入、多角度分析，对学生进行有针对性的训练，加深学生对书本知识的理解，做到举一反三、融会贯通，提高学生的知识迁移能力，达到学以致用的目的。剖析时政热点，此热点能涵盖哪几个知识点，能提高学生哪些能力，此题的结果能总结出哪些快捷方式和规律，如果条件稍有变化，将会从何处入手，又会是什么结果，又能总结出什么规律等，力求做到事半功倍，提质增效。

步②：小组合作，巩固背诵

背诵前分享背诵方法，师傅和徒弟相互背诵。

步③：小组展示

小组上台分享。

第三段：知识细化、辨析

步①：学生将本课复习的知识和以前所学所有学科相关知识相联系。区分其中的易错、易混点，做到思维澄清、清扫误区、完善思维。

步②：同心小组互助合作，相互提醒记忆，回忆旧知识，巩固新知识。

第四段：典例精讲

步①：教师展示题目，包括模拟卷题目和真题。学生自主完成例题，教师公布答案，学生们自己对照答案先改错。学生思考出现的问题，总结出错的原因，澄清思维误区，提出解决办法。

步②：同心小组互助合作。徒弟针对不理解的地方请教师傅，师傅解答问题。师傅之间也可以相互探讨，采取就近原则。

步③：教师请同心小组上台展示。全班师生共同总结答案。

步④：同心互助小组相互给对方出题，以及师师交流出题，通过对题目的变式，来加深对知识的理解和运用，以及深化思维，揣测出题教师的意图。

步⑤：总结做题技巧。教师注重思维过程、思维方式的科学性，应针对不同的题型，总结不同的学习方法，积累不同开放性试题的答题思路、方法与技巧，如评析类、关系类等。选择有针对性、典型性、启发性和系统性问题，引导学生进行练习。

第五段：反思和总结

步①：总结。教师帮助学生总结本课知识，通过布置作业来提高学生分析和概括知识、运用所学知识解决问题的能力。引导学生树立正确的价值引导，培养爱国情感。

步②：反思

听课态度情感方面的反思。

学习习惯方面的反思。

学习方法方面的反思。

其他方面的反思。

道德与法治学科"思维澄清"讲评课教学模式

第一段：课前准备

步①：教师分析试卷，统计各题错误率、难度值、共性错误等，为问题设置提供参考，尤其注意边缘生、后进生。分析学生解答中错误产生的原因。

步②：对学优生、中游学生、学困生进行深度访谈，每类两人，来作为统计数据的第一手材料。

步③：确定离散性、聚集性错误题型。离散性错误题型比较分散，聚集性错误题型答错的学生数较多。

第二段：分析试卷

步①：表扬在本次考试中表现出色的学生。包括但不限于先进生、进步生。学生要明确自己在班级、年级、农村学校、全市的定位。

步②：教师为学生讲解本次考试试卷的难易度，以及各个题目错误率高低情况。

第三段：离散性错误题处理

步①：展示离散性错误题目。

步②：公布答案，请同学们自己对照答案先改错。

步③：学生思考出现的问题，自己总结出错的原因，澄清思维误区，提出解决办法。教师提醒学生将错误总结归类，如粗心类、记忆类、理解类、审题类等。

步④：同心小组互助合作。

徒弟就不理解的地方请教师傅，师傅解答问题。师傅之间也可以相互探讨，采取就近原则。小组之间也可以相互交流。教师不断巡视，检查互助效果。

第四段：聚集性错误题处理

步①：聚集性错误题目确定，教师展示。一节课应该有 2～3 个聚集性错误题目。

步②：教师讲解。

步③：同心互助，师傅听徒弟讲解，检查徒弟是否理解。

步④：变式训练。师徒相互变式考查对方。

第五段：反思和总结

步①：总结。教师帮助学生总结本课知识。

引导学生树立正确的价值观，培养爱国情感。

步②：反思。

听课态度情感方面的反思。

学习习惯方面的反思。

学习方法方面的反思。

其他方面的反思。

第四节　历史学科教学模式

历史学科"思维澄清"新授课教学模式

历史学科"思维澄清"新授课课堂教学模式的理念：

1. 立足对学生五大核心素养的培养，充分发挥初中阶段历史课程的育人功能。

2. 以人类历史发展进程及其潜在规律为基本线索，理清人类历史发展特征。

3. 精选和优化课程内容，突出历史学科的思想性、基础性。

4. 贯彻以同心互助为主体的教学理念，注重学生之间自主探究、相互促进的学习活动，鼓励教学方式的创新。

5. 综合运用各种评价方法，发挥以评促学的功能。

历史学科"思维澄清"课堂教学模式以唯物史观、时空观念、史料实证、历史解释、家国情怀为五大核心素养内涵，大体共分为循环大听写、导入新课、新知学习、师徒合作、总结反思五个步骤。

第一段：循环大听写

基于初中阶段历史学科的特点，教师发现对历史相关知识点的背诵记忆尤为重要。每节课用 8～10 分钟的时间来对以往的知识进行回顾和再次记忆。

1. 听写内容：每次循环大听写涉及内容为上节课所学知识、上节课循环大听写环节错误较多的知识点、以往所学重要知识点，每部分所占比例为 5:3:2。教师提问听写以新授知识为主，辅之以学生掌握不牢、易混易错点。

2. 听写方式：由教师出示问题，选择一个同心互助小组，师徒二人在黑板上听写，其他同学利用听写纸听写（听写纸格式附后）。听写过程中，教师不停巡视，观察学生在听写过程中出现错误频次较多的内容，为接下来订正、讲解做准备。

3. 检查方式：①对于在黑板上展示的同心互助小组师徒，由教师为其中师傅批改订正，师傅为徒弟批改订正。②对于其他小组，则先对照黑板答案在听写纸订正区自我批改订正，再由师徒互换检查，对于徒弟仍不理解处，师傅进行讲解，最后由师傅对徒弟进行复查背诵。

第二段：解析课题，导入新课

步①：解析课题，提炼相关知识

教师根据"新课标"和本课题目，引导学生形成本课的总体印象，并与旧知识相呼应，构建整体知识架构，并明确本课知识在初中历史学科中的位置。

步②：教师展示学习目标

根据"新课标"要求，出示本课学习目标，明确学习方向。（历史教材每课基本为三个子目，教学时每进行一个子目的教学，出示本子目学习目标。）

第三段：新知学习

步①：出示问题，自主解决

教师根据教学内容和教师风格的不同，采用 PPT 或导学案的方式，将本子目中的知识，以问题的形式按教材顺序串联起来，引导学生带着问题阅读教材，提炼教材知识，并将重点知识在教材中勾画标注。

步②：同心互助，交流探讨

学生自主阅读教材，初步解决问题后，进行二人同心互助，师徒交换答案，并各自叙述思路，师傅初步解答徒弟困惑。教师在师徒探讨过程中，巡视教室，观察互助效果并个别指导。

教师出示答案，学生订正答案。徒弟整理思路，并向师傅请教所产生的困惑。

第四段：师徒合作，强化记忆

步①：教师梳理明确本课需强化记忆的内容。

步②：学生背诵。

步③：师徒相互检查（此时师徒相互平等）。

步④：组间相互抽查，结果按考核办法赋分。

第五段：总结反思

步①：学生总结本节课学习后获得的陈述性知识和策略性知识。

步②：学生反思本节课自己是否积极讨论，是否参与到同心互助中，学习态度是否认真。

附件 1：历史学科听写纸

听写区	订正区
	日期：
固化区	
日期：	

历史学科"思维澄清"复习课教学模式

基于历史学科教材编制特点，教师确定复习课以单元复习为基本单位。本学科"思维澄清"复习课教学模式的特点为：注重学生对复习内容知识体系的构建，形成前后知识联系紧密、逻辑思维完整清晰的历史观念。应遵循的基本原则：目标性原则（依据 2022 年版课标，明确复习任务，选择合适的教学方法）、系统性原则（教师把分散的基础知识进行系统整合梳理，注重引导学生对基础知识和学习方法的建构，使孤立的知识系统化）、基础性原则（教师把重点放在基础知识的掌握和基本能力的培养上，控制课堂推进速度）、主体性原则（充分发挥"同心互助"合作小组的作用，调动全体学生的积极性和主动性，留出合适的时间让学生充分交流讨论、总结反思、消化吸收）、启发性原则（针对复习内容，精心设计教学流程和问题，引导学生在掌握基础知识的前提下，使学生的历史思维得到充分发散）、及时性原则（单元学习结束后，及时进行复习巩固。复习课的每个环节中，教师深入了解学生，及时反馈评价）。

第一段：循环大听写

本环节参考新授课听写模式，值得注意的是单元复习内容较多，可压缩听写量，时间控制在 5～8 分钟，听写内容为复习单元重难点、新授课听写环节易错点。

第二段：构建单元知识网络，完善知识定位

步①：学生独立完成单元思维导图。

步②：组内交流，相互检查完善，教师巡视课堂，及时发现问题，对个别学生进行指导。

步③：教师抽 1～2 个小组展示思维导图，由组内徒弟负责展示，师傅负责补充完善。

步④：教师对展示内容进行补充评价。

第三段：重点知识强化记忆

步①：教师明确单元复习重点知识，强调易考、易混、易遗忘的背诵任务。

步②：学生单独背诵。

步③：组内检查。师徒相互检查记忆效果。

步④：组间挑战。小组之间相互提问，依据考核办法进行赋分。

第四段：典型练习，能力提升

第三段是对知识的巩固。本环节对学生的能力进行培养。教师通过典型例题，验证复习效果，及时查缺补漏。教师以材料题为典型题型，对学生的知识掌握程度进行全面检测，复习课材料题强调综合性和应用性。

第五段：总结反思

步①：学生总结本节课学习后获得的陈述性知识和策略性知识，主要是对答题技巧的掌握。

步②：学生反思本节课自己是否积极讨论、是否参与到同心互助中，学习态度是否认真。

历史学科"思维澄清"讲评课教学模式

讲评课是学生在练习或考试之后，教师对其分析、讲解和评点的课型，是一种延伸的具有特殊性的复习课。其对教学起着矫正、巩固、丰富和深化的重要作用。历史学科，需要记忆和理解的知识点较多，在每次考试后，试卷会反映出学生学习和复习中的得与失、问题与不足。教师都要通过讲评分析总结，解决疑难问题的同时，提高学生的做题能力。只有通过及时高效的讲评、全面的总结、科学的分析，我们才能在发现学生知识、能力的缺陷后，有目的地夯实、巩固学生的基础知识，从而提高学生的综合能力。

第一段：课前准备（分析试卷、确定教学内容）

步①：依据以往历次考试对学生错题分析的经验总结和历史学科教学内容的特点，教师可以将错题分为两大类：离散性错题和聚集性错题，离散性错题是指错误答案分散的题目，可能由记忆类知识点没有固化，题目难以理解，考察方向较偏等原因造成；聚集性错题是指题目错误答案较为集中的题目，可能由题目难度较大，知识点易混淆等原因造成。根据两种错题形式，采用不同的教学方式。教师首先要对试卷进行统计分析，找出离散性错题和聚集性错题、错误点并预估错误原因。

步②：根据试卷分析出的结果，教师对学生进行深度访谈。教师确定上中下三个层次的学生各两名，分析学生错题原因。

第二段：离散性错题讲评

步①：教师出示正确答案，个人对照完成答案纠错。

步②：同心互助。互助过程如下：

徒弟请教师傅错题，师傅为其进行解答，师傅讲解不清，寻求组外帮助，仍无法解答，由教师解答；师徒根据个人理解抽取试题 3～5 个易错易混点向对方提问；学生单独背诵记忆，固化知识点；组间挑战：小组间相互提问，依据考核办法进行赋分。

第三段：聚集性错题讲评

聚集性错题又可分为：a. 师傅做对，徒弟做错，b. 师傅徒弟都做错。（注：特殊情况为徒弟做对，师傅做错，可临时交换师徒角色。）

步①：针对 a 类情况，教师请 2 ～ 3 名做错的师傅叙述解题时思路，根据其错误思路进行纠错讲解。

步②：针对 b 类情况，教师采用同心互助合作小组的方式进行，请徒弟叙述解题时思路，师傅为其错误思路纠错讲解，徒弟根据师傅分析订正答案（在讲解过程中，教师随时巡视，引导师徒反思错题原因，如何纠正，再遇同类问题时如何解题）。

步③：平行练习。练习过程如下：

教师出示相关题目；学生独立完成；教师公布答案；师徒进行同心互助。

第四段：总结反思

步①：学生总结本节课学习后获得的陈述性知识和策略性知识，主要是对答题技巧的掌握。

步②：学生反思本节课自己是否积极讨论，是否参与到同心互助中，学习态度是否认真。

第六章　思维澄清课堂理科类教学模式

第一节　数学学科教学模式

数学学科"思维澄清"新授课教学模式

《义务教育数学课程标准（2022 年版）》中指出："数学是自然科学的重要基础，在社会科学中发挥着越来越重要的作用。""数学在形成人的理性思维、科学精神和促进个人智力发展中发挥着不可替代的作用。""义务教育数学课程应使学生通过数学的学习，形成和发展面向未来社会和个人发展所需要的核心素养。""数学课程内容是实现课程目标的重要载体。""有效的教学活动是学生学和教师教的统一，学生是学习的主体，教师是学习的组织者、引导者与合作者。""评价不仅要关注学生数学学习结果，还要关注学生数学学习过程，激励学生学习，改进教师教学。"

临清市烟店镇中学位于农村地区，受到地域、经济和文化等多方面因素的影响，学校设施和资源相对有限，教育投入相对较少。学生大都来自农村家庭，父母受教育水平普遍不高，教育意识缺乏，加上他们因生计而忙碌，对孩子的学习期望不高，导致孩子缺乏学习动力和目标。农村中学生的数学基础普遍较差，一些学生在小学阶段就没有打下良好的数学基础，进入初中后难以适应数学学习的要求。

基于以上情况，烟店镇中学数学新授课采用"五段""N 步""四助""三反"的教学模式。

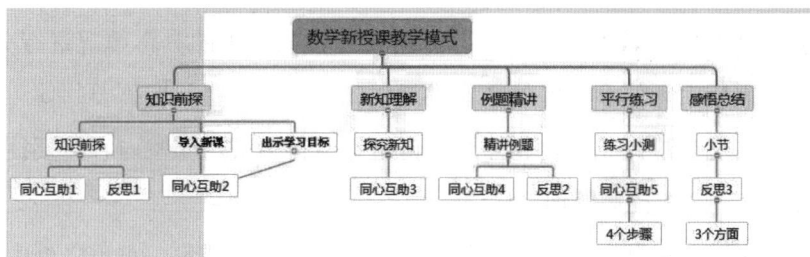

五段：前探预习 → 新知理解 → 例题解析 → 平行练习 → 感悟总结

第一段：前探预习

本段包括知识前探和目标出示两部分内容。

（一）知识前探

第一步：教师设计问题或小练习，回顾之前学过的与本节课有关的知识。

第二步：学生同心互助，由徒弟先回答问题，不完善的地方由师傅补充，若一组完善不好的，则由其他组进行再次补充，教师对本教学环节学生的表现进行相应的评价。

第三步：通过师徒互助，在教师的引领下，学生反思在本环节的记忆、理解和应用中出现的问题，从而巩固知识前探的内容。

（二）目标出示

依据实际情况，教师选择适合学情的导入，引起学生的学习兴趣，出示学习目标。学习目标的描述要具体明确，符合新课标的要求，以落实数学学科的核心素养为核心。体现教学新理念 ：学为主体，教为主导，启发诱导，学思结合。

目标的制定要注意：

1. 行为主体是学生；2. 行为动词＋行为表现内容，学习者应做什么；3. 学习者要达到什么程度。

第二段：新知理解

第一步：教师出示预先设置好的问题。

第二步：小组同心互助，解决问题。首先要给学生充分的时间去思考问题，讨论问题，解决问题。教师在巡视的过程中发现学生的难点，疑点，易错点。在此教学环节中，教师将预先设置好的问题按照学生的具体情况进行分类，哪些问题需要大师傅和小师傅之间进行探究交流，哪些问题需要师傅和徒弟之间进行探究交流，哪些内容需要师傅讲解给徒弟听，哪些内容需要徒弟回讲给师傅，并要求徒弟背诵记忆。

第三步：小组展示，在此环节中，徒弟首先进行展示，不足之处由师傅进行补充和讲解。

第四步：教师归纳、总结，澄清思路，规范语言，固定知识。

第三段：例题解析

第一步：教师板书，出示例题。

第二步：先让学生自己读题，给予学生思考的时间，然后教师带领学生再读题，分析题干，寻找解题思路。

第三步：教师书写解题过程，针对解题过程，教师逐步澄清解题思路。

第四步：教师讲解完后，先给学生几分钟的时间进行消化理解，然后将解题过程擦掉，让学生独自整理一遍，教师在此过程中进行巡视，然后由师傅对徒弟整理的内容进行仔细检查，并将徒弟整理不足的地方进行讲解，师傅讲解完后徒弟对自己整理的内容进行补充完善。

第五步：通过师徒互助，在教师的引领下，学生反思本例题涉及的知识点、拓展内容，运用的解题思路、解题方法和数学思想，以及解题过程中的易错点。

第四段：平行练习

第一步：教师出示平行练习的题目，教师在设计平行练习的题目时要注意分层，让每一个层次的学生在数学课上都能得到发展。

第二步：学生独立完成相对应的分层练习，将解题过程写在练习本上，然后师傅检查徒弟的完成情况，做对的徒弟，师傅安排相应的变式训练再次巩固，可以增加些难度；做错的徒弟，师傅针对徒弟的错因进行分析，帮助徒弟回忆相关的基础知识，再安排相应的变式训练进行练习。

第三步：教师进行检查巡视，将典型的错题和精彩的解题过程进行收集、展示，教师对其进行讲解分析，再次规范解题步骤。

第四步：在教师的引领下，通过师徒互助，师傅帮助徒弟反思平行练习中出现的易错点，涉及的知识点，运用的解题思路，以及在平行练习过程中出现的错因。

第五段：感悟总结

第一步：教师总结本节课的陈述性知识，策略性知识和程序性知识。

第二步：教师给予学生一定的时间进行师徒同心互助，然后选择一到二个小组进行展示，谈谈本节课的收获，徒弟先说，师傅补充，教师进行评价并做出总结。

第三步：在教师的引领下，学生反思在本节课中的易错点、学习状态及本节课的体会。

数学学科"思维澄清"复习课教学模式

数学单元复习课是根据学生的认知规律，在结束某一单元（章、单元）学习后，巩固、梳理已学知识、技能、数学思想方法，帮助学生提高运用所学知识解决各类问题的能力，形成优良的知识结构，促进知识系统化，完善自我学习能力，综合提升学科素养的一种课型。

数学复习课具有自身的特点：

1. 针对性：单元复习课复习内容要突出重难点、易错点和高频考点，问题、活动、习题设计要针对主要目标、力求高度达成目标。

2. 系统性：单元复习课要引导学生对知识、技能以及思想方法进行系统性梳理和构建，使碎片化的内容系统化、条理化，关注学生知识的构建和抽象归纳能力的培养。

3. 应用性：单元复习课往往是以情境问题为背景，聚焦学生分析问题、应用数学知识来解决实际问题的能力，并关注学生应用与迁移等素养方面的提升。

4. 综合性：单元复习课大都是将不同层次结构的内容、问题、考点等整合到一块，将联系较为紧密的重点内容进行组合，主要考查学生解决综合问题的能力，需要引导学生从同类问题中抽象出共性的特征，提炼数学思想和方法的同时构建基本的数学模型。

所以，复习课要引导学生把各知识点分类整理，形成完整的网络，构建完整的知识体系。通过知识条理化、综合化、系统化的整理，弥补学习上的缺陷，减少记忆负担，防止遗忘，促进学生认知结构的形成和完善，使学生对知识加深理解、牢固掌握、灵活运用，达到温故知新，提高能力的目的。根据教学进度，可以分为单元复习、期中复习和期末复习。

课前准备：教师要认真筛选和精心设计一定量的具有"概念性、典型性、针对性、综合性、启发性、思考性、灵活性、创造性"等特点的习题，通过课堂典例剖析互助来达到巩固与提高的目的。

复习课是"四段""五步""四反""四助"，具体实施如下：

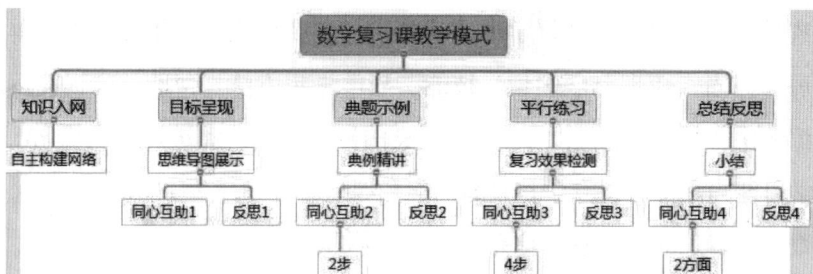

"五段"基本内容：

1. 知识入网。本章知识通过学生课前复习整理和课堂教师的补充强调，复习完善知识结构，进行知识点之间的串联。

2. 目标呈现。理清重难点，学生思维导图展示。

3. 典型题目讲解。结合学生搜集的平时错题，和教师精选的习题进行有选择性的讲解。

4. 平行练习。变式练习训练学生典型题目解题方法。

5. 反思提高。每完成课堂关键环节，即时反思总结做题的思路技巧。

课堂"五步"基本流程："四助""四反"融于其中。

基本流程：课前自主回顾，构建网络 → 呈现目标，思维导图展示 → 典例剖析，互助提高 → 平行性练习 → 总结反思

第一段：课前自主回顾，构建网络

课前教师首先布置好复习课学习任务：

梳理整章（单元）的知识点，建议以思维导图的形式来呈现（学生应用思维导图的方式进行复习，能够更好地把握本小结所要掌握的知识点）。在进行思维导图的绘制过程中，学生要通过自己的方式来进行知识点的理清，并且找寻知识点以及知识点之间的关系，将重点、难点等等都区分开来，绘制完成之后，将思维导图交给教师，教师根据每一个学生的特点进行教学，每个学生教学的着重点不同，同时，教师可以根据思维导图来了解学生知识的掌握程度，并且对一些思维导图中体现的思维错误进行修改，学生通过分析教师修改后的思维导图，不断提高自身的思维能力。

设计意图：每位同学都要提前回忆本章（单元）内容，形成知识体系，便于课堂上徒弟进行展示。

第二段：呈现目标，思维导图展示（课程前 10 分钟）

1. 明确复习目标，引导学生理清本章重难点和明确本节课学习任务 .

2. 学生思维导图及典型例题、易错题展示。

同心互助 1：

第一步：师徒展示。先让一组师徒展示自己整理的知识网络，徒弟讲解，教师点评、补充，点出知识重点。

第二步：教师评价。其他师徒补充发言交流完后，教师进行必要补充与强调，出示比较完善的知识结构。

第三步：师徒检查，背诵完善知识。师傅检查徒弟对知识掌握情况，适当指导徒弟方法，教师适当抽查。

学习反思 1：学生对本节课复习基本内容有个清晰的了解后，结合自己课前准备的思维导图和教师出示的完善的知识结构进行对比，反思自己遗漏模糊的知识。

第三段：典题示例

结合平时易错题，教师将课前精心筛选，准备的典型题目按知识点进行归类出示（根据师徒的易错点，知识重难点设计，由易到难），采用启发讨论式，尽可能地让学生自己完成问题解答。师徒根据自己情况互助讲解，教师点拨。

同心互助2：

第一步：适当简单的题目，徒弟会的题目，师傅追问解题方法。徒弟不会，师傅会的，师傅要知道徒弟哪里卡住了，再负责把徒弟教会。

第二步：教师精心讲解的习题。本着少而精的原则，师徒先自主完成，部分徒弟黑板展示。对于出错典型题目，教师按照讲题模式讲解，师傅之间学会后，再次指导自己徒弟。

教师点拨：点拨师徒互助过程中存在的共性问题和重点题型。教师可以选择一对典型师徒担任主讲，其余人组成评议组，主讲说完后，由评议组补充、完善或评价、矫正，教师控制教学节奏，并有机、适时地对有争议的问题或引起认知冲突的部分作相应的释疑。

学习反思2：结合考察的知识反思本章高频出错典型题目的做题方法和技巧，或是用的数学模型。

第四段：平行性练习

结合学生对刚才讲解题目的掌握情况，检测学生互助效果和复习效果。

1. 教师出示平行性练习题目；

2. 学生独自练习，写在练习本上；选择一对师徒展示。

3. 同心互助，讨论交流；师徒互批、互改、回讲。

4. 教师评价，学生反思。

同心互助3：师徒先自主完成，然后依据答案纠错，师徒互批、互改、互讲；时间充裕的，师傅可出变式题目巩固提高。

学习反思3：遇到此类型题目需要注意的易错点，特别是解答题，注意规范，按步给分。加深对常考题目印象。

第五段：总结反思

总结分为两个方面，一是知识方面，二是学生方面。教师进行点评，并评选本课"主讲明星"与"最佳评议"。

1. 知识方面：本节课复习知识网络，典型错题类型；教师指导学生如何思考问题、怎样进行解题；让学生记录自己互助过程中的闪光点。

2. 学生方面：本节课的态度方面包括学生的意志力、注意力、精力等方面；自己互助过程闪光点，本节课的易错点、考点，学生谈体会。

同心互助 4：师徒互助交流本节课收获，选代表展示本节收获。

学习反思 4：这节课我学会了……

这节课我想对师傅（徒弟）说……

教师引导师徒进一步进行系统归纳，全面总结本节内容，解题技巧等。

设计意图：通过学生自主整理与总结可以让学生对这部分内容有更深入的理解，而且能够根据已有知识经验总结出相关知识间的联系，在此过程中能帮不少学生对所学内容查漏补缺，同时也能帮助学生完善知识体系，从而提升学生的数学学习综合能力。所以在课堂复习中应以学生为主体，重视学生主体性的发挥，由学生复习、归纳、整理，主动构建认知结构，教师则在学生总结及认知的基础上，给予必要的认同，或者补充、完善。通过学生活动，学生的主动性和积极性得到充分发挥，比只有教师讲解学得更主动，理解更深刻，复习效果更明显。

典型例题和易错题由徒弟作为主体讲解，既为了调动学生的积极性和思维主动性，也是体现思维澄清的理念，因为我们知道能准确表达才是真正地体现了思维清晰。当讲解者不能准确表达时，师傅的补充完善、评议总结又能体现师徒合作学习的优势。

数学学科"思维澄清"讲评课教学模式

数学讲评课是在考试之后，教师对其进行分析和评价的一种课型，它具有激励、矫正、强化和示范的作用。讲评课具有自身的教学特点，一是突出针对性，学生出现的聚集性问题，教师要准确地分析学生在知识和思维方面的薄弱环节；二是注意新颖性，讲评内容决不应是原有知识的简单重复，必须有所变化和创新，在解题思路和解法上启发新思路，探索巧解、速解和一题多解，让学生学有所思，思有所得；三是讲究激励性，试卷讲评时，不可忽视各类学生的心理状态，用好激励手段；四是以学生为主体，讲评课本身就是一种反思性教学活动，通过同心互助课堂，让学生指出错误的原因及解决方法，使学生掌握正确的解题方法。

试卷讲评的目的：1. 纠正错误，规范解题；2. 分析得失，找出差距；3. 提炼概念，融会贯通；4. 拓展思路，能力提升。通过试卷讲评，挖掘试题功能，一题多解、一题多问、一题多变，拓展解题思路，从而提高分析问题和解决问题的能力。

课前准备：

1. 教师分析试卷，找出聚集性错题和离散性错题；

2. 对 4～6 名学生进行访谈，寻找错误原因，为课堂做好准备；

3. 同心互助，解决离散性错题。

讲评课是"五段""N步""四反""三助"模式，具体实施如下：

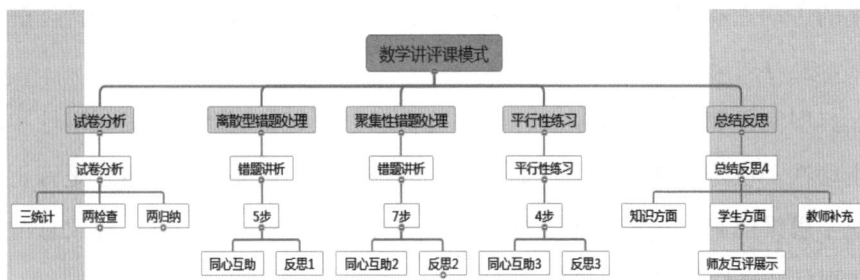

数学讲评课模式

- 试卷分析
  - 试卷分析
    - 三统计
    - 两检查
    - 两归纳
- 离散型错题处理
  - 错题讲析
    - 5步
      - 同心互助
      - 反思1
- 聚集性错题处理
  - 错题讲析
    - 7步
      - 同心互助2
      - 反思2
- 平行性练习
  - 平行性练习
    - 4步
      - 同心互助3
      - 反思3
- 总结反思
  - 总结反思4
    - 知识方面
    - 学生方面
      - 师友互评展示
    - 教师补充

"五段"基本内容：

1. 试卷分析：在试卷讲评之前，对平均分、优秀率、及格率等做好统计，找出进步和退步的学生，分析原因；同时，要统计学生出错的知识点，检查学生对知识掌握的漏洞。

2. 离散性错题：离散性错题师徒讲解，找出错误的原因并更正；

3. 聚集性错题：教师讲解并规范解题步骤。

4. 平行性练习：教师出示变式题，训练学生解题方法。

5. 总结反思：通过本节课学习，让学生进行整理反思做题的关键、思路、技巧等以及本节课学到的概念、性质、定理等本节课的易错点、考点等。

"五段"基本流程："四反""三助"融于其中。

试卷分析→离散性错题处理→聚集性错题处理→平行性练习→总结反思

第一段：试卷分析

一套试卷，涉及的知识点相对来说比较多，如果要在 2～3 个学时完成，学习效果不会太好，更无法突出重点。所以，教师需要做到统计三点：分段统计考试成绩，分题统计错误人数，分项统计错误的知识点。检查两点：知识掌握的漏洞，方法应用的缺失。归纳两点：试题涉及的知识点，解题的方法与技巧。

设计意图：能够清楚地帮助教师发现学生出现的问题是聚集性的还是离散性的，是知识的还是方法的，是粗心还是审题的问题，为课堂提供充足的数据。

第二段：离散性错题处理

同心互助 1：①教师出示离散性错题；②教师出示答案；③学生比对答案筛选出不会做的题目；④师傅之间相互讲解，解决错题，徒弟对错误的题认真思考，准备向自己的师傅进行提问；⑤师傅给小徒弟讲解，徒弟回讲。

反思 1：分析本题考察的知识点，对个别学生出错问题进行讲解，找出错误的原因并更正。

第三段：聚集性错题处理

本着少而精，精而透的原则，一般出 2-4 道聚集性错题精讲。

讲解模式：

第一步：出示例题

第二步：教师带领学生读题

第三步：分析题干，寻找解题思路

第四步：教师板书并规范解题过程

第五步：针对板书，逐步澄清，给学生时间消化理解

第六步：将解题过程擦掉，让学生整理

第七步：同心互助 2 师傅对徒弟整理的内容进行检查并将徒弟整理不足的地方进行讲解，徒弟进行整理、补充完善。

反思2 徒弟反思例题中需要注意的易错点，涉及的知识点，理清解题思路，整理错题。

第四段：平行性练习

1. 教师出示平行性练习题目。

2. 学生独自练习，写在练习本上。

3. 同心互助3：师傅给徒弟讲，然后徒弟回讲。

4. 优生展示：抽一对师徒到黑板展示。

设计意图：

1. 能够进行一对一讲解，让不同层次的学生在数学课上都能得到发展。

2. 激发学生的学习兴趣，增强团队意识，让学生尝试成功的喜悦。

反思 3：分析出示的变式题是否合理；反思本类题做题的方法和技巧或是数学模型。

第五段：总结反思

总结分为两个方面，一是知识方面，二是学生方面。

1. 知识方面：本节课学到的概念、性质、定理；指导学生如何思考问题、怎样进行解题；采用小组合作、启发诱导等教学策略。

2. 学生方面：本节课的态度方面包括学生的意志力、注意力、精力等方面，本节课的易错点、考点，学生谈体会，教师进行补充、总结。

反思 4：

1. 学生自我总结反思。

2. 选 1～2 对师徒展示，展示的步骤：一是徒弟展示，师傅补充；二是教师评价展示并补充课程内容。

第二节　物理学科教学模式

物理学科"思维澄清"新授课教学模式

一、物理学科"精准教学思维澄清"新授课课堂教学模式的理念：

1. 立足对学生五大核心素养课程理念的培养，充分发挥初中阶段物理课程的育人功能。

2. 物理学科是自然科学领域研究物质的基本结构、相互作用和运动规律的一门基础学科，它通过科学观察、实验探究、推理计算等形式，形成系统的研究方法和理论体系。

3. 精选和优化课程内容，突出物理学科的思想性、基础性。

4. 注重学生之间自主探究、相互促进的学习活动，鼓励教学方式的创新。

5. 综合运用各评价方法，发挥以评促学的功能。

二、物理课堂教学改革的背景： 作为传承人类文明的教育事业，必须具有前瞻性，能够预见未来世界的发展方向和未来社会对人才的需求，及时反映时代的变迁，跟上时代的步伐；随着时代的不断发展，我们的一些优秀和传统的东西，仍然需要我们继承和发展。

1. 社会和经济的发展，需要我们对物理课程进行改革

一方面，进入新世纪以来，我国的经济和科技得到了长足发展，经济发展趋势发生了巨大变化，经济的发展从粗放型的高速发展阶段进入新常态，经济结构不断优化升级，生产过程中的科技含量不断提高，在这一新形势下，科技创新已经成为我国经济发展的主要动力之一。培养创新型的人才，已成为当前教育的主要任务。另一方面，随着我国经济的发展，人民群众对生活质量的要求也不断提升。党的十九大指出，我国当前的主要社会矛盾已经转化为人民日益增长的美好生活的需要和不平衡不充分的发展之间的矛盾。而教育则是其中最主要的矛盾之一，如何解决人民需要的更好的教育这一问题，也需要继续深化课程改革。

2. 科学技术的发展，需要对物理课程进行改革

进入新世纪以来的另一重大变化就是科学技术的飞速发展。电子学和电子信息技术突飞猛进，生物科技、材料科学技术、能源技术、航空航天技术、宇宙探索技术等都得到了长足发展。科学技术将继续从分化、深入走向交叉、融合、统一，从简单走向复杂，从简单有序走向复杂有序。而作为自然科学技术的基础，物理学的发展为上述科学技术的发展提供了支撑，具有较高的物理学科核心素养已经成为对新一代公民的基本要求，这些都需要我们对物理课程进行改革。

3. 从"立德树人"的角度，也需要我们对物理课程进行改革

为了实现中华民族伟大复兴的中国梦，党的十八大报告强调把立德树人作为教育的根本任务，这是我国第一次将教育的重心全面向"关注人的发展"转变的一个里程碑，是党对新时期教育工作的基本理念和指导思想。

"立德树人"就是要以育人为本、德育为先，提高教育现代化水平，培养德智体美劳全面发展的社会主义建设者和接班人。物理课程在关注学生掌握科学技术的同时，要大力培养学生的"德"，着力让学生树立正确的价值观和人生观，有鉴于此，也需要对初中物理课程进行改革。

物理学科"精准教学、思维澄清"课堂教学模式面向全体学生，培养学生核心素养；从生活走向物理，从物理走向社会；以主题为线索，构建课程结构；注重科学探究，倡导教学方式多样化；发挥评价的育人功能，促进学生核心素养发展为五大核心素养课程理念，大体共分为知识回顾循环大听写、新知识理解、典型题讲解分析、平行题和变式题进行巩固、课堂小结反思提高五个步骤。

物理学科"思维澄清"课堂教学模式流程

新授课流程：循环大听写—新知识理解—典型题讲解分析—平行题、变式题进行巩固—课堂小结反思提高

第一段：知识回顾：循环大听写

初中阶段，物理学科学生的背诵记忆至关重要，每节课用 8-10 分钟时间，对以往知识进行回顾和再次记忆，使原有知识保持活化。

1. 听写内容：每次循环大听写所涉及内容分为以下四类

识记类：物理公式，物理量，单位，符号，单位换算等。

理解类：物理概念，定义，定律，原理。

实验类：实验器材，实验原理，实验步骤。

作图类：规范作图，步骤合理，虚实线分明，工具作图。

上节课所学知识、上节课循环大听写环节错误较多的知识点、之前所学重点知识点所占比例大约为 5:3:2，提问听写以新授知识为主，以学生掌握不牢、易混易错点为辅。

2. 听写方式：①让师徒二人直接爬黑板听写；②设听写本，分两部分，听写占三分之二份，纠正占三分之一份；③教师说学生写，教师全班巡视，发现听写过程中不会的，或出错集中的问题；④教师矫正听写中学生板书的错误，给出正确答案，结合巡视中出现的问题和原因，进行适当讲解并强调；⑤爬黑板的师傅为徒弟修改，其他小组参照黑板订正答案并在纠正处默写一遍正确答案；⑥师徒相互检查听写本；⑦徒弟向师傅提问题，师傅给予讲解。

第二段：知识前探，新知学习

1. 展示目标，进行知识定位，列出网络图找位置。

2. 导入新课，建立同化知识点：①前探激活做铺垫；②创造情境导入。

3. 出示导学案引导学生探究教材：自读教材完成练习册或导学案上记忆性题目。方法：在教师引导下逐段完成相应题目。

4. 师徒互助，初步解决练习册上的问题，师徒相互对答案，产生争议，师徒共同讨论，教师不点拨，只发现问题。

5. 教师点拨，公布正确答案。师徒再次互助，师傅提问徒弟或徒弟回讲问题。

第三段：典型题讲解分析

1. 出示典型例题，分析题意。①知识归类，确定题干所包含知识点；②罗列可能用到的知识点；③确定解题策略，分析各物理量之间关系；④反思解题方法，思维方式。

2. 讲解题思路。①展示解题过程，边讲边书写板书，教师必须用黑板，杜绝单纯 PPT 授课。②学生必须同步把教师板书内容抄写在解题本上，此过程教师要注意讲课节奏不能太快。

3. 教师进行思维澄清。按照板书为每一个解题步骤命名，隐去名称后，学生在笔记本上澄清。

第四段：平行题、变式题进行巩固

1. 选择与例题难度相当、思维强度相当的练习题，或难度略低一点的练习题进行练习。师徒先自主完成检测题，然后根据答案进行互助交流。教师巡视全班，掌握学情。

2. 教师根据了解的学情，利用展台展示学生独自完成的题目，并出示正确答案，师徒互助检测情况并进行总结。

第五段：课堂小结反思

1. 师徒从知识点、研究方法、思维程序、规律及解题技巧等方面互助交流，共同总结本节课的收获，对双方当堂表现进行评价。

2. 师徒从学习态度、学习方法、体会感悟等方面进行反思。

附件 1：物理学科听写纸

听写区	订正区
	日期：
固化区	
	日期：

物理学科"思维澄清"复习课教学模式

复习课是教学过程中一种非常重要的课型，对夯实学生基础、培养和提高学生运用知识、解决问题的能力起着举足轻重的作用。复习课应遵循以下原则：

1. 自主性原则。在复习过程中，要充分发挥学生的自主性，让学生积极、主动参与复习全过程，特别是要让学生参与归纳、整理的过程，不要用教师的归纳代替学生的整理。在复习中要体现：知识让学生梳理，规律让学生寻找，错误让学生判断。充分调动学生学习的积极性和主动性，激发学生的学习兴趣。

2. 针对性原则。复习必须突出重点，针对性强，注重实效。在复习过程中，一是要注意全班学生的薄弱环节；二是要针对个别学生存在的问题，紧扣知识易混点、易错点设计复习内容，做到有的放矢，对症下药。

3. 系统性原则。在复习过程中，必须对必备知识加以系统整理，依据基础知识的相互联系及相互转化关系，梳理归类，分类整理，重新组织，让其成为系统化、条理化的知识点，使学生所学的分散知识系统化。

4. 基础性原则。在复习过程中，要注重依标据本，重视物理基础知识，知道基本物理现象和物理事实，理解基本物理概念和规律，知道生活、生产中常见的物理知识，知道物理学的基本思想，认识物理学科学方法，能应用物理概念和规律解决问题。要重视物理基本技能，能够正确使用测量工具，根据实验目的和要求选择器材、理解操作步骤和处理实验数据，能根据探究目的和已有条件设计实验，会正确使用仪器，能正确记录实验数据，会从物理现象和实验事实中归纳简单的物理规律，会用物理术语、简单图表等描述实验结果。能从给定的材料中获取信息，并对所获取的信息进行加工处理。

物理学科"思维澄清"课堂教学模式流程

复习课流程：知识回顾，循环大听写；教师根据学生思维导图反应情况分模块点拨；典型例题讲解分析；平行、变式题巩固；课堂总结反思

第一段：知识回顾，循环大听写

1. 让学生画出思维导图，明确知识系统。

2. 师生互助，修改完善思维导图。

3. 学生展示思维导图。根据知识内容，选择不同形式，例如提问或听写，由教师对师徒掌握的知识进行检查，梳理知识的重点、难点。全班对重要的、易错的知识点进行强调。

第二段：教师根据学生思维导图反应情况分模块点拨

1. 教师展示本模块知识框架。

2. 教师进行重点点拨。

3. 布置适当知识类练习题，例如填空，选择等。

4. 师徒互助共同完成练习题目，解决问题，其他模块依次进行。

第三段：典型例题讲解分析

1. 教师出示典型例题，一般 1～2 题，分析题意。①知识归类，确定题干所包含知识点。②罗列可能用到的知识点。③确定解题策略，分析各物理量之间关系。④反思解题方法，思维方式。

2. 讲解解题思路。①展示解题过程，边讲边书写板书，教师必须用黑板，杜绝单只 PPT 授课。②学生必须同步把教师板书内容抄写在解题本上，此过程教师要注意节奏不能太快。

3. 教师进行思维澄清。按照板书为每一个解题步骤命名，隐去名称后，学生在笔记本上澄清。

4. 教师指引。教师组织全班交流，讲解重点问题，强调解题思路和答题规范，要求师傅负责教会徒弟重点问题。根据答案进行互助讲解。徒弟讲给师傅听，

重点说明解题思路。师傅对徒弟的疑惑问题进行纠错讲解，规范答题步骤。

第四段：平行、变式题巩固

1. 师徒先自主完成巩固练习，然后根据正确答案进行互助交流。针对徒弟的出错情况，重新设计变式题，徒弟练习后师傅批改讲解。教师巡视全班，了解师徒巩固情况。

2. 教师根据师徒互助情况在全班进行点拨，指导师徒总结出方法和知识规律。

第五段：课堂小结反思

1. 师徒总结知识易错点、学习方法、物理规律等，对师徒双方在本节课中的表现情况进行互评，指出努力方向，提出改进建议。教师巡视全班，了解师徒的总结能力和互评情况。

2. 教师组织全班师徒进行总结交流，并对本节课的知识点进行系统概括，对解题技巧、解题方法、注意事项以及重难点、考点等进行强调，并布置巩固性作业。

物理学科"思维澄清"讲评课教学模式

讲评课是练习或考试之后，教师对其分析、讲解和评点的课型，是一种延伸了的具有特殊性的复习课，对教学起着矫正、巩固、丰富和深化的重要作用。物理学科需要理解的知识点较多，在每次考试后，由试卷反映出的学生学习和复习中的得与失、成绩与不足，要通过总结讲评来解决巩固。只有通过及时高效讲评、全面总结、科学分析，才能在发现学生知识、能力的缺陷后，有目的的夯实、巩固学生的基础知识，以期提高学生的解题能力与技巧，从而提高学生的综合能力。

讲评课流程：课前准备，离散性错题讲评，聚集性错误题目讲评，总结反思。

第一段：课前准备

1. 分析试卷。针对试卷得分及出错情况，找出哪些属于离散性错误，哪些属于聚集性错误，两种不同的错误分别采用不同的处理方式。

2. 进行深入访谈，找优、中、差各 2 名学生进行交流，询问为什么出错，是知识方面问题、态度方面问题、能力方面问题还是思维方面问题。

3. 对本次测试进行总结：对所考知识点分析，对取得进步和成绩优异的同学进行表扬。

第二段：离散性错题讲评

1. 教师出示题目与正确答案，个人自行对照完成答案纠错。

2. 同心互助小组解决不会做的题目，师傅首先进行研究并学会，都不会的题目请教师讲解。

3. 各小组师傅检查徒弟出现的问题。徒弟告诉师傅需要讲的问题，师傅给予讲解。

4. 师傅让徒弟把典型错题再回讲一遍。

第三段：聚集性错误题目讲评

1. 聚集性错题可分为：①师傅做对，徒弟做错；②师傅徒弟都做错；一般 1～2 题（特殊情况为徒弟做对，师傅做错，此时可临时交换师徒角色）

2. 针对①类情况，采用同心互助合作小组的方式进行，请徒弟叙述解题思路,师傅为其错误思路纠错讲解,徒弟根据师傅分析订正答案(在讲解过程中,教师随时巡视，引导师徒反思错题原因，如何纠正，再遇同类问题时如何解题）。

针对②类情况，请 2～3 名做错的师傅叙述做题思路，教师根据其错误思路进行纠错讲解。

3. 平行练习

教师出示难度相当的题目，学生独立完成，教师公布答案，师徒同心互助完成。

第四段：总结反思

1. 学生总结本节课学习后获得的陈述性知识和策略性知识，主要是对答题过程进行思维澄清。

2. 反思本节课自己是否积极讨论、是否参与到同心互助中，学习态度是否认真。

第三节　化学学科教学模式

化学学科"思维澄清"课堂教学模式

化学是一门研究物质变化及其性质的科学。初中化学是从原子、分子的微观角度来初步研究物质的组成结构，从而掌握物质性质并理解其应用的一门自然科学。学好了初中化学，也能初步理解研究创造新物质的基本思路和基本方法。化学作为一门实用的、创造性的科学，初中化学更是与我们的日常生活密切相关，小到可乐的配置秘方，制作衣服的材料，大到火箭升空的燃料，医药的制备与合成。可以说，化学是推进现代社会文明和科学技术的重要力量。整个中学化学课程分为三个阶段，并且这三个阶段是一个有机的、不可分割并且不断发展的整体。第一阶段是入门性的启蒙教育（义务教育化学），而这更是初中化学所要完成的任务。这一阶段主要以全面提高学生的科学素养为宗旨，从而激发学生学习化学的好奇心，引起学生学习化学的兴趣，在引导学生体验科学探究的过程中，启迪学生的科学思维与逻辑思维，培养学生的创新能力，最终引导学生认识化学与科学技术和社会环境的相互关系，从而真正理解科学的本质。但是，在初中化学课堂教学中，还存在教师纯粹的理论和介绍，无法引起学生的学习兴趣；化学知识点零碎繁杂，单纯靠记忆记住但无法真正领会，缺乏主动探索能力等问题。鉴于以上问题，我们制定了适合我校学情、适合化学学科的教学模式。

化学学科"思维澄清"新授课教学模式

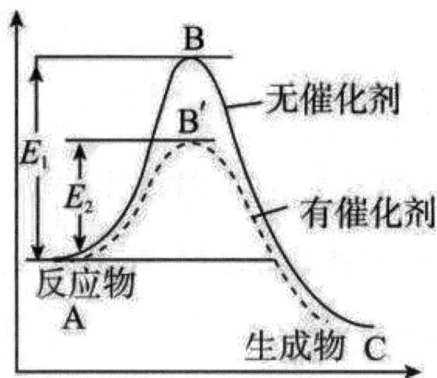

初中化学新课程要求改变学生过于注重接受学习，死记硬背的状况，新课程标准倡导自主学习，合作学习和探究性学习，力图促进学生学习方式的变革，引导学生主动参与探究过程，勤于动手动脑，逐步培养学生搜集和处理科学信息的能力，获取新知识的能力，批判性思维的能力，分析和解决问题的能力，以及交流与合作能力等，重在培养创新精神和实践能力。

化学反应的发生条件有点燃、加热、高温、高压、催化剂等，"点燃"就是教育的"激励、唤醒"，加热、高温则是持续的鼓励也即是现在所提倡的做有温度的教育，"高压"就是对学生的严格要求管理，而教师则更应该做学生学习路上的催化剂。也就是说，教师可以通过降低学生学习的难度，让学生喜欢学习、爱上学习。比如说，教师可以通过做一些演示实验、展示教具模型让学生可以更直观地感受；多举一些生活中的例子，方便学生理解枯燥、难度较大的知识；而有些时候则应该让学生经历知识的形成过程，化学课堂或者说理科课堂应该是思维的课堂，为学生埋下思维的种子。学校应该秉持以学为主体、教为主导、启发诱导、学思结合的当代教育新理念，新课程理念要求教学重点要由重知识传授向重学生发展转变，我们要从单纯的关注知识与技术目标向关注知识与技能、过程与方法、情感态度与价值观的三维目标转换，进一步培养学生们的学科核心素养。

化学学科新授课共分为六个环节：

循环大听写——导入新课——出示目标——讲授新课——达标测评——课堂小结

第一段：循环大听写

初中阶段化学学科知识点零碎繁杂，需要学生不断重复复习，根据艾宾浩斯知识遗忘曲线，每节课用 10 分钟的时间来进行对以往知识的回顾和再次记忆，从而加深学生对于旧知的强化与理解。

听写内容：每次循环大听写所涉及内容大概分为三大方面，分别为上节课所学知识、上节课循环大听写环节错误较多的知识、之前学生可能会遗忘掉的所学重点知识，其听写所占比例为 4:3:3，提问听写以新授知识为主，辅之以学生掌握不牢、易混易错点。

听写方式：由教师出示问题，选择一个同心互助师徒二人在黑板进行听写，其他同学利用听写纸进行听写（听写纸格式附后）。听写过程中教师需要不停巡视，观察学生在听写过程中出现错误频次较多的内容，为接下来订正、讲解做准备。

检查方式：

对于在黑板上展示的同心互助小组师徒，由教师为其中师傅批改订正，师傅为徒弟批改订正；

对于其他小组，则先对照黑板答案在听写纸订正处自我批改订正，再师徒互换检查，对于徒弟仍不理解处师傅进行讲解，最后由师傅对徒弟进行复查背诵。

第二段：导入新课，自然有趣

常用的导入新课的方法有以下四种：相关话题导入；复习提问导入；实验导入；多媒体导入。

①相关话题导入。在特定的情况下，师生围绕共同感兴趣的话题，在交流中导入课题。比如，从学生所熟悉的生活情景开始导入课题。

②复习提问导入。用问题做链条，对所学内容进行回顾、复习并导入新课是非常重要的，也是参评者用得最多的一种方法，也是教师平时教学中常用的一种方法，这也符合孔子的"温故而知新"的教育理论。

③实验导入。通过演示小实验创造情景来激发学生的兴趣，导入本节课。

④多媒体导入。利用教材的插图、彩页或者根据课本内容自制一些图片或视频，直接进入课题，当然这种课题必须贴近学生的日常生活，只有课题贴近了学生的日常生活，他们的兴趣才能被激活。

第三段：出示目标

目标描述具体明确，符合新课标和教学理念的要求。

学习目标的制定要将核心知识结构化，并落实化学学科核心素养。学习目标的描述：1.Audience 即行为主体指学习者就是目标描述句的主体。2.Behavior 即"行为动词＋行为表现内容"指学习者应做什么，目标表述句中的谓语和宾语。3.Degree 即"表现程度"指上述行为的标准。4.Cindition 即"行为条件"指上述行为在什么条件（活动、任务）下产生（即获得认知体验等的方法）。

比如《金属的化学性质》教学目标（部分）学生（行为主体）通过小组合作（行为条件）探究镁、锌、铁、铜与盐酸（或稀硫酸）的作用，能自主（表现程度）归纳出金属的活动性顺序（行为动词＋宾语）　和正确辨认化学反应是否是置换反应。

第四段：讲授新课

教师课堂上采用启发式教学，以学生为主体，教师为主导，借助真实、新颖、有趣的问题链推动教学，以问题驱动课堂，引导学生层层深入地去思考，引而不发，小组讨论自寻答案，互助交流。

第五段：例题精讲，训练思维

设计原则：内容精炼并回扣目标，体现精讲精练原则，"练"是在"学"之后进行的，分为必做题、选做题和思考题，着重让学生通过一定量的训练，应用所学知识解决问题，从而加深理解课堂上所学的重点、难点。

具体实施：师徒自主完成基础性习题，然后依据答案纠错。纠错时，徒

弟先把解题思路讲给师傅听，师傅点评补充。同时，师徒标出双方都未能解决的问题，由教师讲解补充

第六段：课堂小结

师徒共同梳理本节课的所学知识，交流本节课的收获。通过学习新课，师徒二人之间可以互助，共同梳理本节所学知识，师傅对于徒弟整堂课的表现，可以予以一个评价。每堂课时徒弟先把本节课所学内容进行全班展示后，师傅进行补充，分享所学和收获。在巩固拓展环节，需要大力鼓励徒弟展示自我，掌握其所学情况，及时的给予鼓励的评价，表扬本节课表现优秀的师徒小组。在课堂结尾环节，教师需再次强调本节课的重难点，以便加深学生印象，方便习题巩固练习。

师徒总结：

本节课学习后获得的陈述性知识（知识能力）

本节课学习后获得的策略性知识（思维能力）

本节课学习过程中的学习态度（情感价值观）

师徒反思：

本节课自己是否积极参与讨论，是否参与到同心互助活动中，学习态度是否认真。

下节课如何投入到课堂中去，是否吸取了本节课的教训，下一步计划如何。

附件 1：化学学科听写纸

听写区	订正区
	日期：
固化区	
	日期：

化学学科"思维澄清"复习课教学模式

复习课原则

1. 以学生为主体，做课堂的主人。复习过程是一个信息交流过程，学生是主体，教材是课题，教师起着沟通学生与教材的作用。复习中切忌喧宾夺主，应把学习的主动权交给学生。发挥学生的主体作用，使学生由被动变为主动，由配角变为主角，真正做学习的主人。

2. 以课本为主，注重基础知识。复习时既要牢固掌握基础知识，又要会灵活运用基础知识去解决问题，既要全面掌握，又要突出重点。因此，我们要扎扎实实地抓好课本知识点，把课本与资料有机地结合起来，使之互为补充，相得益彰。坚实的化学基础知识、清晰的化学知识结构是解决问题的基础，要牢牢掌握化学基础知识和技能。在平时的教学中应注重基础知识和生活常识的积累，将化学知识回归到生产日常生活中去，使学生能真正理解，从而举一反三。

3. 以练为主，严格规范。在复习阶段，教师要多设计变式练习，利用题型或问题情景变化，使学生获得熟练解决问题的技能，体现有讲有练、精讲多练、边讲边练、以练为主的原则。训练应循序渐进，由浅入深，由简到繁，章节练习抓基础，单元练习抓重点，全面练习抓综合，训练学生的心理素质，使学生在考场上临阵不乱，沉着应战。

4. 转变复习的观念。杜绝一张试卷儿一堂课，把总复习当作一项系统工程，把单元复习、阶段复习有机地结合起来，化学复习专题化，专题复习系列化，提高复习训练的有效性。复习时堂堂清，在强化基础的同时，要在学生能力培养方法上多下功夫，把每一道题目都当作训练能力方法的载体。教学的目的不是让学生只会做题目，而是使学生学会举一反三，触类旁通，能解决新问题。复习时留给学生足够的自主探究、自主建构知识体系的时间和空间，使学生实实在在地做学习的主人。

5. 精选例题习题。选编例题习题是大面积提高教学质量的重要环节，精心选编习题，灵活运用所学知识，培养学生的独立思考能力和良好的解题习惯，对发展学生的智力与创新思维能力有重要的意义。①题量适中，一般在六道题以内，时间十分钟左右；②题目对应目标，突出重点和难点；③设计好梯度，既考虑题目间的梯度也要考虑选项之间的层次；④全面考虑学生层次，解决吃饱与吃好的问题。在讲评习题时要讲透彻，注重一题多解、一题多编、一题多展，让学生真正理解。讲题前留给学生充分的思考时间，不拘于题时，培养学生独立思考的能力和习惯，教会学生如何审题，寻找突破口。建议潜移默化地发展学生的解题能力，注重解题方法的归纳总结，不就题论题，让学生积极发表不同的见解，不一样的思路，恰好是同学们的问题症结所在，教师要抓住症结，对症下药。

6. 吃透新课标，把握复习的深度、广度。新课标既是命题的依据，又是复习的依据，是权威的信息资料。

课堂教学模式如下：

知识梳理——题型讲解——强化练习——总结归纳

第一段：知识梳理

第一步：师徒根据教师提供的学习目标以及课本笔记，共同商讨，制定知识提纲，教师引导全班交流补充，完善提纲内容，必要时教师强调提纲内容的重点。（教师为主）

第二步：师徒先自主复习提纲内容，然后互相检查提问所有的知识点、难点（师傅先检查徒弟的掌握情况并指导徒弟学习方法）。

第二段：题型讲解

以典型例题为依托，重思维训练与学法指导。师徒自主完成教师出示的典型例题，以中考原题或变形题目为主，根据答案互助讲解。徒弟讲给师傅听，重点说明解题思路；师傅对徒弟的疑惑问题进行纠错讲解，规范答题步骤。最后由教师组织全班交流，讲解重点问题，强调解题思路和答题规范。

第三段：强化练习

师徒先自主完成巩固练习，然后根据正确答案进行互助交流。师傅针对徒弟的出错情况重新设计变式题，徒弟练习后师傅进行批改讲解。

教师根据师徒互助情况在全班点拨，指导师徒总结出方法和知识规律。

第四段：总结归纳

师徒总结知识易错点、中考常考点、学习方法等，对师徒双方在本节课中的表现情况进行互评，指出努力方向和提出改进建议。教师巡视全班，了解师徒的总结能力和互评情况。教师组织全班师徒进行总结交流，并对本节课的知识点进行系统概括，对解题技巧、解题方法、注意事项以及重难点、考点等进行强调。教师评价本节课的师徒表现，评选优秀师徒，并布置巩固性作业。

第四节 地理学科教学模式

地理学科"思维澄清"新授课教学模式

地理学科"思维澄清"新授课课堂教学模式的理念：

1. 立足对课标要求的学生四大核心素养的培养，充分发挥初中阶段地理课程培育学生的人地协调观、家国情怀、全球视野，以及批判性思维、创新精神和实践能力的功能。

2. 以提升学生核心素养为宗旨，引导学生学习对生活有用的地理、对终身发展有用的地理，为培养具有生态文明理念的时代新人打下基础。

3. 精选和优化课程内容，突出地理学科的综合性、区域性特点，满足地理这一同时具有自然科学与社会科学的学科的教学需求。

4. 贯彻以同心互助为主体的教学理念，注重学生之间自主探究、相互促进的学习活动，鼓励教学方式的创新。

5. 综合运用各评价方法，发挥以评促学的功能。

地理学科"思维澄清"课堂教学模式以人地协调观、综合思维、区域认知和地理实践力为四大核心素养内涵，大体分为循环大听写；新知引入，明确定位；图文结合，探究新知；典型练习，理解活化；总结反思，澄清归位五个步骤。在五个步骤中又加入了四次同心互助与三次反思，通过多次互助与反思，构成小步子、慢推进、低重心、勤反思的课堂，使学生做到步步清。

第一段：循环大听写

初中阶段地理学科，学生的识图与析图能力至关重要，每节课用 5～8 分钟时间对之前学习、接触过的地图进行识图与析图训练，用以激活学生的地理思维，培养学生的识图析图能力。

1. 识图内容

课前复习：选择上节课或相关课程内容的地图、图表或图片，在这里重点挑选易混淆的重点内容，通过训练的方式，让学生回顾已学知识，加深记忆。

引入本节课主题：选择与本节课主题相关的地图、图表或图片，让学生通过观察图像猜测本节课将要学习的内容，通过平时培养的识图析图能力进行知识前探，激发学生的学习兴趣。

2. 识图方式

由教师出示地图(导学案或者地图册)，选择一个同心互助小组的师徒二人，在黑板上进行练习，其他同学利用导学案或者地图册进行识图练习。练习过程中，教师不停巡视，观察学生在练习中出现错误频次较多的内容，为接下来订正、讲解作准备。

3. 检查方式

①对于在黑板上展示的同心互助小组师徒，由教师为师傅批改订正，师傅为徒弟批改订正；②对于其他小组，先在导学案或者地图册上先对照黑板答案自我批改订正，再师徒互换检查，对于小徒弟仍不理解处，师傅进行讲解，最后由师傅对小徒弟进行复查互讲。【第一次互助】

第二段：新知引入，明确定位

1. 引入新知：在进行知识前探后，学生的大脑处于激活和亢奋状态，在此处进行新知识点的导入，可以通过以下几种方式：①在知识前探，使用本节课要学习的地图进行导入；②通过现实生活中的地理情景进行导入；③通过传统文化古诗文等进行导入；④通过视频，图片等地理信息进行导入。

2. 知识定位：在导入结束后，向学生展示本节课内容在整本课本中所处的定位，展示本节课学习目标在总思维导图中的定位内容，学习目标主要来自于以下四个方面：学生对本节知识点的认识；本节课的教学重点和难点；学生的学习策略；获得的情感体验。让学生有一定的心理预期和听讲侧重点。

第三段：图文结合，探究新知

1. 展示图文

在明确学习目标之后，通过导学案、课件等展示本节课的整体提纲，并且出示相关的地图、图表、材料等内容，并对学生提出相关问题，要求师徒进行解答和交流，问题内容应以地理课标为基础，紧扣学习目标。

2. 自主阅读

在教师展示图文后，学生参照学案或者课件展示的要求，认真阅读教材内容，查阅相关知识，自主完成学习内容，并记录学习过程中疑惑的问题。徒弟在预习完成后，带着各自的疑难问题询问师傅，解决学习中疑惑问题，或者对预习学案进行批阅、交流，相互检查落实的情况。若此时师傅对某些问题也不太熟悉，可以请教前后的其他同心小组。

3. 同心互助，新知探究

在答疑结束之后，全班同心小组集体探究交流新知，交流内容就是本节课要学的重要内容。集体交流时，教师选择适当的同心互助小组展示发言，徒弟主讲，师傅进行补充和纠正，每组师徒展示后其他师徒组答疑、补充或点评。教师注意捕捉学生对地理问题分析的新观点、新方法，营造多维互动氛围。教师要给予适时引导，保证展示的方向性和顺畅性。【第二次互助】

4. 教师讲解，答疑反思

教师根据师徒展示情况进行深入讲解，释疑解惑，强化重点难点，然后组织师徒进一步互助交流，夯实基础知识和基本题型。师徒进行相关内容的反思与总结，思考自己在刚才的展示中是否存在不足之处，在之后的课堂应该怎样改进，自己的知识理解是否存在漏洞？在反思完成后，徒弟要把每一个知识点讲给师傅听，师傅进行重点点拨，负责教会徒弟。【第一次反思】

第四段：典型练习，理解活化

1. 典型练习

这一步是师徒进行分层次的练习，练习题的内容分为两大类：基础性题目和拓展性题目。学生自主完成之后进行交流，交流时基础性习题由徒弟直接讲给师傅听，师傅进行纠错、指导，对拓展性习题，师徒可先互助交流，再展示发言。教师在巡视过程中，对师傅的讲解方法进行当堂培训，及时指导薄弱师徒。【第三次互助】

2. 理解活化

在师徒讲解结束后，教师再重新讲述在巡视过程中所发现的错误率高的习题，并进行重点讲解，难点突破，讲解完成后，要求学生自主联系错误题目与本节课所学知识点之间的联系，思考为什么会错误。通过及时反思澄清思维，记录错因，并要求师徒之间再次互讲，确保将相关易错点掌握牢固。【第二次反思】

第五段：总结反思，澄清归位

1. 师徒总结：教师引导学生归纳总结本节课的新知识，师徒交流总结知识点和解题方法。徒弟在师傅的指导下，从知识、学法和师徒互助方面进行全面总结。师傅与徒弟一同对本节课学习的知识进行体系建构，师傅对徒弟进行评价，并对徒弟未来的努力方向提出明确的要求。【第四次互助】

2. 反思澄清：教师在讲解本科知识体系完毕后，要求同心互助小组对整节课内容，根据刚才的教师讲解和同心互助进行反思总结：①本节课学到了哪些知识性内容；②本节课学到了哪些策略性内容；③学完这节课，你有什么感受。【第三次反思】

地理学科"思维澄清"复习课教学模式

复习课是地理教学的重要课型之一，往往是在单元学习结束之后，为了系统掌握整单元的知识结构，应该有一节单元知识梳理的复习课。在地理新课程理念指引和专家的指导下，反思以往教学实践，改革教学过程，探索和归纳出的地理复习课，主要分为以下四个步骤：

基本环节：循环大听写——知识回顾——综合典型题精讲——总结反思，查缺补漏

第一段：循环大听写

本环节参考新授课循环大听写模式，值得注意的是，因章节复习内容较多，可压缩听写量，时间控制在 5—8 分钟，听写内容为复习单元重点地图、新授课听写环节中的易错点。

第二段：知识回顾

①回顾知识，画出思维导图

②师徒之间同心互助，相互解说

③教师巡视，寻找优秀师徒小组，寻找点拨之处

④教师根据巡视结果进行点拨

第三段：综合典型题精讲

教师给出典型例题，学生尝试分析，独立完成，然后师徒交流体验和收获，最后师生共同剖析典型例题，真正弄懂、弄通典型例题，并能做到"一题多解，一题多变"的训练。教师让徒弟主讲，师傅进行补充和纠正，每组师徒展示后其他组师徒答疑、补充或点评。

教师根据师徒的展示情况进行深入讲解，释疑解惑，强化重点难点。精讲题的选择标准：

①综合性

②易考性

第四段：总结反思，查缺补漏

学生交流本节课的收获，包括知识易错点、规律总结，以及从师傅或徒弟那里学会了什么，教师进一步树立本单元知识结构，强调解题技巧和方法，主要目的是让学生对本章节的知识内容进行查缺补漏，并加强理解和记忆，最终进行反思，并写出反思报告。

地理学科"思维澄清"讲评课教学模式

地理学科"同心互助"讲评课课堂教学模式的原则：

1. 目标性原则。首先是"为什么讲"的问题，这就要求教师对讲评题目的内在意图要清楚，目标要明确。落实这一原则，要求教师做好课前的精心准备，认真审阅学生的试卷，做好成绩分析。统计好平均分、合格率、优分率、低分率及各分数段人数的分布情况，统计好每题的得分率，每题的解答情况等。做好课前的问卷调查和调查情况统计分析，掌握学生的答题情况，是做好讲评的重要前提。

2. 突出性原则。讲评必须讲在重点、难点、疑点和关键上，要具有导向性，要能激发学生的求知欲。其实，试卷上大多数题目学生可通过同心互助自行解决，上课讲评的主要精力，要集中到学生中存在问题最突出、最主要和最想知道的典型例题上来，通过同心互助和教师点拨，达到解惑、释疑、探究、拓展的目的。

3. 典型性原则。讲评课的内容要根据学生答题情况来确定，应具有综合性和针对性，要找准学生答题出现失误的关键点，透彻分析，解疑纠错。

地理学科"思维澄清"课堂教学模式以人地协调观、综合思维、区域认知、地理实践力为核心素养内涵，大体分为探讨纠错、典型题目精讲、变式练习、总结反思四个步骤，在讲评之前先对试卷进行分析。

试卷分析：

1. 调查试卷的难易程度

2. 统计试卷，分析学生答题的对错率

3. 对比学生对试题的感受度与实际的对错率，确定需要讲解的题目

4. 对学生进行深度访谈，了解错误原因

第一段：同心互助，探讨纠错

1. 探讨纠错

教师展示答案后，全班同心互助小组自行分析错题，找出需要解答的题目。徒弟先向师傅提出疑问，师傅进行讲解，徒弟学会之后，向师傅进行回讲，师傅进行补充和纠正。【第一次互助】

2. 答疑反思

同心互助小组在交流解疑时，教师在课堂上进行巡查，对于师傅解决不了的问题，可进行适当点拨讲解。师徒对于错题进行反思与总结，自己是由于什么原因出现错题，在接下来的学习中要怎么做。【第一次反思】

第二段：典型题目，难点突破

1. 典题精讲

对于典型题目的判定要有一定的标准，学生的答错率较高，题目要体现出综合性，题目要有一定难度。地理的题目类型主要分为四大类：基础题、

材料题、图形题、图文结合题。在对题目进行讲解时，教师要注意培养学生的读题策略。

①基础题

阅读题目，判断题干所考知识；

注意核心概念的修饰词语，核心概念和修饰词可采用不同符号进行标画。

②材料题

快速浏览题目，定位知识；

阅读题目，判断题干所考知识；

注意核心概念的修饰词语，核心概念和修饰词可采用不同符号进行标画；

联系材料，确定解题思路。

③图形题

快速浏览图形的类型，定位图形所考知识；

分析题干，参照基础题解题步骤操作；

分析图形所表达的内容，确定解题思路；

④图文结合题

解题思路参照材料题和图形题。

2. 师徒互助

在典型题目的精讲过程中，同心互助小组先互助分析题目，对于简单的题目，小组之间进行讲解，较难的题目由教师进行点拨。这个过程是动态变化的，可以师徒先自行解决，教师再点拨；教师对于难度大问题可以对师徒先进行点拨，也可以师傅教徒弟，徒弟回讲，教师再点拨。【第二次互助】

3. 反思突破

教师在讲评时，要注意知识的联系、拓展、深化、迁移，同心互助小组要突破难点、澄清思维、记录错因，并要求师徒之间再次互讲，确保将相关易错点掌握牢固。【第二次反思】

第三段：变式练习，知识巩固

根据本次经典题目，抓住考试的重点和出现的错题，出示相关的习题，并核对答案，进行巩固练习和拓展迁移，锻炼学生的地理思维能力。同心互助小组进行互查互讲，师徒全对，徒弟直接向师傅讲解题目；师傅正确，徒弟错误，师傅向徒弟讲解，徒弟再进行回讲。【第三次互助】

第四段：总结反思

1. 师徒总结：教师引导学生归纳总结试题中涉及的知识点和解题方法。徒弟在师傅的指导下从知识、读题思路、解题思路和师徒互助方面进行全面总结。师傅与徒弟一同对本节课知识联系和解题思路进行体系建构，师傅对徒弟进行评价，并对徒弟未来的努力方向提出明确的要求。【第四次互助】

2. 反思澄清：教师在讲解本科知识体系完毕后，要求同心互助小组对整节课内容，根据刚才的教师讲解和同心互助进行反思总结：本节课学到了哪些知识型内容，本节课学到了哪些策略型内容，学完这节课，你有什么感受。【第三次反思】

第五节　生物学科教学模式

生物学科"思维澄清"新授课教学模式

生物学科"思维澄清"新授课课堂教学模式的特点：

1. 生物学与我们的生活密切相关。它是农学、医学、林学、环境科学等学科的基础；社会的发展，人类文明的进步，个人生活质量的提高，离不开生物学的发展和应用。学习生物学，目的在于让学生掌握更多的生物知识，了解大自然，了解我们人类自身，并且能够学以致用，为我们将来生活质量的提高，人类文明的进步、社会的发展贡献自己的力量。

2. 掌握高效的学习方法。在课堂上，不仅要做到眼看、耳听、脑子转，而且要动手做笔记。学习时能用生物学术语背诵每个概念，用恰当的语言清楚明了地解释每个概念、每个知识要点。练习册上每节设置的"重要的知识"和"我的概念图"可以帮助学生把握规律，形成概念。

3. 重视图表的作用。对于课本中每幅图表，都要认真观察。同时，学会自己绘制概念图，归纳总结所学知识，并对前后知识学会，达到融会贯通。

4. 理论联系实际。多观察生活，多联系实际，运用所学习的知识解决实际生活中遇到的问题。

生物学科"思维澄清"课堂教学模式遵循整体"五段""N步""三反""四助"原则，大体共分为循环大听写；展示目标，探究新知；澄清互查，巩固提高；例题精讲，训练思维；总结反思共五个步骤。

第一段：循环大听写

初中阶段生物学科知识点的背诵记忆至关重要，每节课用6-8分钟的时间，对以往知识进行回顾和再次记忆，从而加深学生对于旧知的强化与理解。

1. 听写内容

每次循环大听写所涉及内容大概分为三大方面：上节课所学知识、上节课循环大听写环节中错误较多的知识、之前学生可能会遗忘掉的所学重点知识，其所占比例为4:3:3，提问听写以新授知识为主，以学生掌握不牢、易混易错点为辅。

2. 听写方式

由教师出示问题，选择一个同心互助小组的师徒二人在黑板进行听写，其他同学利用听写纸进行听写（听写纸格式附后）。听写过程中，教师需要不停巡视，观察学生在听写过程中出现错误频次较多的内容，为接下来订正、讲解作准备。

3. 检查方式：

①对于在黑板上展示的同心互助小组师徒，由教师为其中师傅批改订正，师傅为徒弟批改订正

②对于其他小组，则先对照黑板答案在听写纸订正处自我批改订正，再师徒互换检查，对于徒弟仍不理解处师傅进行讲解，最后由师傅对徒弟进行复查背诵。

第二段：展示目标，探究新知

生物教材每本书大致分为三个单元，在教学过程中需要明确具体章节内容的学习目标定位。

1. 展示课堂目标，明确课堂定位

教师出示本节课自学提纲，师徒阅读，明确本节课学习内容及学习重难点。

2. 自主阅读教材，寻找问题答案

师徒根据自学提纲自主阅读教材，思考问题，并找出相应答案。生物教材的分布是有规律的，依次是核心概念、核心概念的分类、核心概念的结构和功能。课堂上，教师慢慢渗透，给学生说明怎么阅读教材，快速找到问题答案。师傅结合互助提纲向徒弟提出问题，检查徒弟的自学效果，然后师徒进行互助交流基础知识，交流时由徒弟先说，师傅补充；交流拓展知识时，由师傅引导徒弟进行探究，争取突破重点、难点，同时，师徒对未解决的问题，或仍存在的疑惑问题做出标记，与其他师徒进行互助交流。与此同时，教师教室内巡视，参与师徒交流，及时指导。

3. 师徒上台，互助展示

一组师徒上台展示互助学习的结果，先由徒弟说出交流出的问题答案，然后师傅进行补充，最后由徒弟说出互助交流时需解决的问题。

4. 教师指导点拨

教师出示重点结构图、知识点、实验，先由徒弟展示讲解，再由师傅纠正完善，师傅讲解不明确的，其他师徒补充讲解。师徒讲的不完整的或达不到深度的，教师可进一步进行补充讲解、点拨强调，并对全班存在的共性问题进行重点讲解，辅以视频、资料，加深学生的理解。教师与学生共同以知识树的形式总结本节课的知识网络。

第三段：澄清互查，巩固提高

1. 学生背诵记忆

教师出示知识提纲，师徒根据知识提纲先进行知识和重难点的理解，对知识完成再加工，然后根据知识提纲自主记忆巩固。与此同时，教师巡视全班，观察学生的背诵情况，及时指导。

2. 师徒互助检查

师傅先根据知识提纲对徒弟进行提问，检查徒弟的背诵情况，并让徒弟对重难点知识进行讲解，在讲解的过程中，师傅可以了解徒弟的思路，以及他对知识的理解情况。此过程中，若师傅发现徒弟对某个知识理解的不到位，再由师傅向徒弟讲解。与此同时，教师巡视全班，参与师徒互助，及时指导。

3. 上台展示

一对师徒上台展示背诵巩固的结果，先由徒弟展示，徒弟背诵知识提纲，展示知识的背诵情况，再对重难点知识进行讲解，展示重难点知识的理解，再由师傅进行补充，最后教师对师徒进行点评鼓励。

第四段：例题精讲，训练思维

1. 师徒共同读题审题

教师出示典型例题，师徒共同读题。学会读题、审题，在此提供三种题型的阅读方法和做题技巧。

①基础题：找准核心概念及其修饰语。

②识图题：先找出介绍性文字，再认真阅读题干内容，提取关键词，最后看图并在图中提取出有用信息。

③实验探究题：首先看实验题相关材料，并区分实验类型。

2. 习题练习

师徒自主完成教师出示的典型例题。

3. 教师展示习题答案

教师对习题答案进行基本展示。

4. 师徒相互检查答疑并展示

根据教师所展示的答案互助讲解，徒弟先讲给师傅听，重点说明解题的思路和步骤；师傅对徒弟的疑惑问题进行纠错讲解，规范答题的基本步骤。教师巡视全班，了解师徒互助的基本情况。

教师根据本班学生学情，选择典型师徒进行发言，并组织全班交流。

5. 教师精讲点拨

根据上一环节，在讲解问题时，如师傅遇到不会的内容可向教师请教。教师组织全班交流，讲解重点易出错的地方，强调解题的思路和答题的规范，要求师傅负责教会徒弟，讲解问题。

第五段：总结反思

师徒互助共同梳理本节课的所学知识，交流本节课的收获。通过学习新课，师徒二人互助，共同梳理本节所学知识，师傅对徒弟整堂课的表现，予以适当评价。每堂课时，徒弟先把本节课所学内容进行全班展示，然后师傅进行补充，其他师徒共同聆听，分享所学和收获。在巩固拓展环节，需要大力鼓励徒弟展示自我，掌握其所学情况，及时给予鼓励评价，表扬本节课表现优秀的师徒小组。在课堂结尾环节，教师需再次强调本节课的重难点，以便学生加深印象，方便习题巩固练习。

1. 师徒总结

①本节课学习后获得的陈述性知识。

②本节课学习后获得的策略性知识。

③本节课学习过程中的学习态度。

2. 师徒反思

①本节课自己是否积极参与讨论，是否参与到同心互助活动中，学习态度是否认真。

②下节课如何投入到课堂中去，是否吸取了本节课的教训，下一步计划如何。

附件1：生物学科听写纸

听写区	订正区
	日期：
固化区	
日期：	

生物学科"思维澄清"复习课教学模式

生物学科"同心互助"复习课课堂教学模式特点：

1. 以模块复习为单位。人教版初中生物学教材在内容编制上有以下几个特点，在内容编制上构建了突出生物圈与植物、人、动物、其他生物的知识体系。大致以单元为单位，即以模块为单位，每个模块介绍一个大概念，并围绕大概念展开进行介绍，分为植物模块、人模块、动物模块和其他生物模块，各模块之间也有重复部分、交错的内容。生物学科因教材编制特点，复习课以模块复习为基本单位。

2. 联系生活，提高学习积极性。初中生物学课程的精要是展示生物科学的基本内容，反映自然科学的本质。它既要让学生获得基础的生物学知识，又要让学生领悟生物学家在研究过程中所持有的观点，以及解决问题的思路和方法。教师要启发学生主动参与学习过程，按照科学探究的规律来组织学生的学习活动，在提出问题、获取信息、寻找证据、检验假设、发现规律等过程中习得生物学知识，养成理性思维习惯，形成积极的科学态度，发展终身学习的能力。生物学习忌讳死记硬背，要学会理解之后，举一反三地"记"而不是生搬硬套地"背"，生物知识与日常生活关系非常密切，你如果能把它当作别人告诉你的生活常识来处理，经常联系生活实际，你的生物一定能学得很轻松、学得很好！

3. 循序渐进，突破科学探究。2022 版课程标准倡导探究式学习，科学探究也是生物课程标准的十大主题之一。培养学生科学探究的各方面能力，不是一蹴而就的，要想达到目的，就要有策略、有方法、有计划。在探究实验教学中要分阶段进行，先培养学生提出问题和做出假设的能力。在练习时，只重点检测关于提出问题和做出假设的习题。其次，再重点培养学生控制实验变量，设置对照实验的能力。最后，在实验复习时，再把科学探究考察的主要内容进行归纳整理，从而提高学生科学探究题的学习效果。

4. 打破常规，创设愉悦情境。教师是课堂教学的组织者、参与者和引导者，课堂气氛是否融洽，教师起决定性作用。在教学方法上，多采用实验教学或讨论、交流、抢答、辩论等学生参与率高的方式进行。进行复习课教学时，在学生复习了基本知识的基础上，要求学生每人出一道考试题，并在班级进行交流，能让更多的学生参与到主动的学习当中。

生物学科"思维澄清"课堂复习课教学模式，遵循整体"五段""N步""三反""四助"原则，大体共分为循环大听写；明确复习目标，绘制知识树；模块研讨，巩固强化；小组上台，模块展示；综合精练，反思澄清；总结反思共六个步骤。

第一段：循环大听写

1. 听写内容：循环大听写时间为 6 ～ 8 分钟，教师课前准备好复习提纲，听写内容一般为 10 个问题，听写的内容包括：学过的重点内容、上一节课循环大听写时出错的内容（重复错误的内容）、遗忘的内容（根据艾宾浩斯遗忘曲线规律），三个内容所占比例为 4:3:3。提问听写时，以重点知识为主，以学生掌握不牢、易混易错点为辅。

2. 听写方式：由教师出示填空形式的问题，选择一个同心互助小组的师徒在黑板上进行听写，其他师徒在听写纸上进行。听写过程中，教师需要不停巡视，观察学生在听写过程中出错率较高的内容，为接下来订正、讲解做准备。

3. 检查方式

①对于在黑板上展示的同心互助小组，由教师为其中的师傅进行批改，再由师傅为徒弟批改订正；

②对于其他互助小组，则先对照教师提供答案，在听写纸订正处自我批改订正，再由师徒互换检查，对于徒弟仍不理解的地方师傅进行讲解，最后由师傅对徒弟进行复查。

第二段：明确复习目标，绘制知识树

1. 师徒自绘，上台展示

师徒二人共同明确本节课的复习目标，先由徒弟说出复习目标，再由师傅进行补充。然后师徒二人共同自行绘制本节复习课知识框架图。一组师徒上台展示，在黑板上绘制，其他师徒在台下绘制。

2. 师徒互查

师徒互相检查，重点是师傅对徒弟进行检查补充，一对师徒上台展示绘制的知识树，徒弟先对自己画的知识框架图进行讲解，后由师傅进行补充，对错误的内容进行改正，不理解的地方师傅进一步讲解。

3. 教师点评

全班同学进行比对补充，教师对上台展示的师徒进行点评，并补充讲解，完善知识树。

第三段：模块研讨，巩固强化

1. 绘制模块知识图，复习记忆

师徒二人共同自行绘制模块知识图，一组上台展示，师徒互相检查，全班同学进行比对补充，教师对上台展示的师徒进行点评，并补充讲解，完善模块知识图。师徒互相交流复习笔记和思维导图，分享各自的理解和记忆方法。师徒对照模块知识图，依照课本独立复习理解，并背诵模块知识图。教师巡视时，特别要注意，了解学困生的复习情况，必要时给予指导。如果是共性问题，则要在后一环节时，集体进行讲解。

2. 师徒互查

根据绘制的模块知识图，师徒二人互相提问检查，徒弟先把所记忆的知识背诵给师傅听，师傅进行简单补充，并把其记忆出现偏差的地方进行讲解。如果在背诵基础知识时，师徒出现疑问的话，及时标记出来，向其他师徒互助小组进行请教，互相解答在初次学习时遇到的偏差。

第四段：小组上台，模块展示

每个互助小组选派徒弟，向全班展示他们的复习成果和讨论结果。先由徒弟展示,徒弟背诵知识提纲,展示知识的背诵情况,再对重难点知识进行讲解，展示重难点知识的理解情况，再由师傅进行补充。其他小组进行点评、提问，形成互助交流的氛围，进一步巩固和拓展知识。教师根据师徒的展示和讨论情况，进行针对性的点拨和指导，帮助师徒深化理解。教师对本节课或本章节的知识点进行梳理和总结，强化师徒的记忆和理解。

第五段：综合精练，反思澄清

1. 综合题精练

教师出示综合检测题，全体同学进行回答或在练习纸上作答，进行答案展示，当堂组织学生批阅并对相关问题进行处理，师徒之间互相批改互相讲解，组内能解决的自行解决，若不能解决的提出，由其他小组解决，若仍不能解决，再由教师讲解，最终把问题解决这是关键所在。（若时间允许，安排学生再次对照课前的知识树，进一步完善整理，进行知识巩固）。教师对于整体出现问题的地方，进行讲解答疑，同时概括此类题的解题思路。教师在点评师徒互助的过程中，要进行积极的鼓励，并向其传授一些做题的方法与技巧等，重点培养师徒习题运用的能力。

2. 反思提高

师徒总结在综合题中获得的陈述性知识（知识能力）、策略性知识（思维能力）、学习态度（情感价值观）。师徒反思，反思讨论题目时，自己是否积极参与讨论，是否参与到同心互助活动中，学习态度是否认真，收获了哪些知识，学会了哪些做题方法，是否吸取了本节课的教训，下一步计划如何。

第六段：总结反思

1. 师徒总结

①本节课学习后获得的陈述性知识。

②本节课学习后获得的策略性知识。

③本节课学习过程中的学习态度。

师徒互助共同梳理本节课所学知识，交流本节课的收获。徒弟先把本节课所学内容进行全班展示，然后师傅进行补充，其他师徒共同聆听，分享所学和收获。教师需要大力鼓励徒弟展示自我，掌握其所学情况，及时给予鼓励性评价，表扬本节课表现优秀的师徒小组。师傅评价徒弟本节课的表现，教师评价本节课中师徒的表现，帮助师徒整理好复习笔记，及时巡视，了解全班师徒互助小组的复习情况。在课堂结尾环节，教师需再次强调本节课的重难点，以便学生加深印象，方便习题巩固练习。

2. 师徒反思

①本节课自己是否积极参与讨论，是否参与到同心互助活动中，学习态度是否认真。

②下节课如何积极地投入到课堂中去，是否吸取了本节课的教训，下一步计划如何。

师徒之间进行反思，重点是徒弟的本节课反思，反思其在复习过程中的困难点，并总结复习经验和方法，为今后的复习提供借鉴。并由一组师徒进行全班展示，共谈收获与反思。

生物学科"思维澄清"讲评课教学模式

在日常生物教学中，试卷讲评课起着承上启下的作用，也是复习阶段重要的课型，它主要目的在于帮助学生诊断学情、查漏补缺、解决疑难、回归课本、巩固双基、学会归因、及时总结，从而完善知识体系和提升思维品质，提高解决问题能力。同时，还可以帮助教师查不足，进行自我总结反思、改进教学方法，从而提升提高教学质量。如何让试题讲评更高效呢？经过实践研究，结合生物学科特点和目标的要求，制定了生物学科讲评课教学模式。

生物学科"思维澄清"课堂讲评课教学模式遵循整体"五段""N步""三反""四助"原则，大体共分为错题统计，找准错因；精讲习题，强化难点；互助展示，暴露问题；教师点拨，变式训练；总结反思共五个步骤。

第一段：错题统计，找准错因

1. 错题统计

在每次阅卷后，教师应进行必要的数据统计，如测评结果的统计——最高分、最低分、平均分及每题的得分率；错误率的统计——主要是统计学生出错率；错误类型的统计——主要是统计学生出错的类型及人数。

2. 找准错因

上课前，教师要认真检查并统计每位学生的答题情况，分析统计各题的错误率，细致诊断学生的解答，弄清哪些题错得多，错在哪里，找准错误的症结。准确地分析学生知识和能力的缺陷及教师教学中存在的问题，以便在讲评时，有的放矢地解决这些缺陷和问题。

第二段：精讲习题，强化难点

1. 师徒自查

师徒先独立自查，尽量尝试自行订正。学生自己纠正前，教师应给予必要的指导（如应得分与实得分；错因分析；以后的目标等），并将自己不能解决的问题做好标记，因为这是后面小组内交流的重点。

2. 教师精讲习题

师徒先自行纠正试题中出现的错误，然后根据出题的错误，再找出错误原因，遇到难题及时标注出来，师傅先给徒弟讲解难题，如果师傅解答不了，可以师傅之间互相讨论，在全班面前讲解共同容易出错的题目，并让师徒分析出错的原因，以便下次习题时，不再出现类似错误。教师在试题中挑选6～8道题目进行重点讲解，强化相关知识的重难点。

第三段：互助展示，暴露问题

1. 师徒互助展示

将互改环节存在的问题进行集中展示，将"问题"充分暴露出来，将"错因"充分暴露出来，将"当时的解题思路"充分归纳出来，或学生讲解，或师生共议。

2. 暴露问题

由几位徒弟说出自己当时做题的基本思路，并由全体师徒分析做题的思路过程是否合理，同时对于出错题目分析出错原因，是由于粗心或是知识点遗忘，又或者是阅读理解出现问题等等，由师傅逐一进行解答，分析和帮助。

第四段：教师点拨，变式训练

1. 重点点拨

根据所暴露出的问题，教师需要重点指导。这是试卷讲评课的重点部分，重在解法的强化、规律的总结、认知结构的完善等。学生已经将大部分题目的解题方法得以掌握，但只是做到了就题论题，教师应根据学生暴露的问题"借题发挥"，进行重点指导；在分析学生解题思路展示的基础上，找出学生在理解生物学知识上存在的问题，在思维方法上存在的缺陷等，发挥好教师的支架作用。针对学生存在的问题，进行方法指导。如从何处分析，为什么这样分析，有哪些方法和技巧，如何挖掘隐含条件，如何建立正确模型，如何排除思维障碍等。还要指导如何快速切题，如何才算完整的叙述规范的表达等。

2. 变式训练

针对有代表的共性题，设计相应的变式练习。以练促思，以练促改，练中悟法。通过练习，让学生巩固知识，掌握方法思路和解题规律。

3. 互助提高

教师可设计相关的变式练习题，对于学生的课堂掌握情况进行基本的了解，进一步强化训练，加深对于知识点的掌握。徒弟做完习题后，发现问题及时向师傅或教师进行请教，师傅把答题的相关技巧讲解给徒弟，徒弟将错误的题目讲给师傅听，并说明错的原因。师傅根据错的题目和徒弟共同强化训练，巩固容易出错的地方。

第五段：总结反思

1. 师徒总结反思

先自主进行总结反思，将错误的习题进行整理笔记，总结好解题的规律方法和技巧。同时师徒总结本节课学到了哪些内容，提高了哪些能力。

2. 教师提升

教师对于学生的反思情况进行了解后，共同总结出本节试题中常出现的易错点，对于表现好的师徒进行鼓励，全班师徒共同分享所获得的感受和体会，从而激发学习的积极性，增强师徒的自信心。